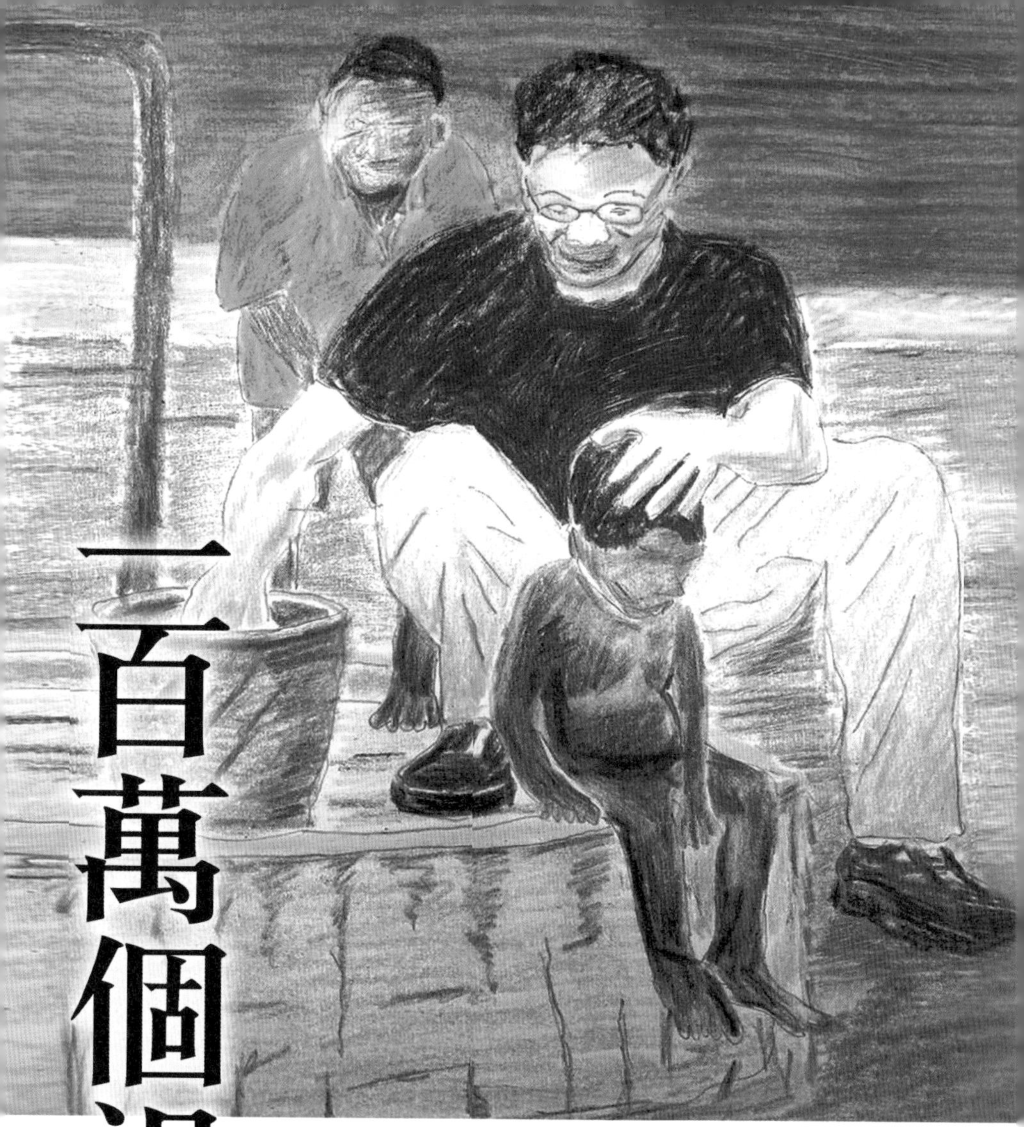

一百萬個祝福

連爸爸畫中有話

連益雄——繪　連上恩——著　胡美華——見證分享撰文

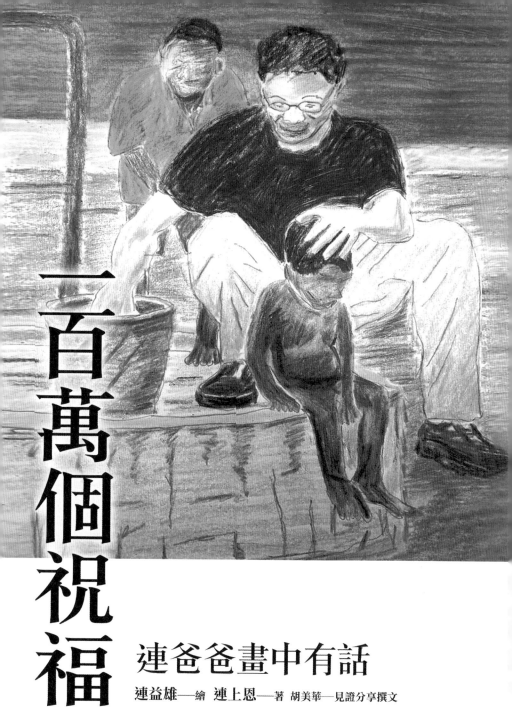

目次

見證分享2——一百萬的神蹟 088

見證分享3——愛作夢的連阿嬤 128

見證分享4——十分之一奉獻的祝福　160

見證分享5——暗暝的圓桌 188

見證分享6：去做就有神蹟發生！　220

推薦序

我家的長輩圖

連加恩

很多人都曾在社群媒體上收到長輩們轉寄的各式資訊、有時是對飲食健康的提醒，有時是旅遊景點的花鳥山水照，年輕一代，把來自長輩的叮嚀、分享稱為長輩圖。我家族的群組中流傳的長輩圖，和大家的不太一樣，是我爸爸自己畫的。過去一年來，連家的孩子們、甚至孫子輩有在使用LINE的，幾乎每天都會收到一幅來自連爸爸的最新作品。

為什麼連爸爸到了七十幾歲，忽然開始每天熱中畫畫、甚至在二〇一九年八月開了畫展呢？爸爸想要藉著畫作的義賣，來支持西非霖恩小學的工作。嚴格來說，我的父親才是西非霖恩小學的創辦人，記得二〇〇一年到二〇〇三年我在布吉納法索擔任外交替代役的期間，家人常常透過電話關心我在西非的近況，從撿垃圾換舊衣到幫村民挖水井，都是因為家人還有教會的後盾，才能勇敢的開始這些工作。在得知村民要求我幫他們蓋一間小學、提供沒機會接受教育的孤兒們免費教育時，連爸爸第一個表示贊成，並且協助籌措經費。（我當時也很驚訝他沒有說：這太難，不要做！）我們買了地、蓋了教室，霖恩小學在二〇〇四年十一月落成，連爸組了一團十幾人的參訪團來西非參加剪綵，正式開始了這個「沒完沒了」的慈善工作。

過去這十幾年間，我們持續從台灣支持這間小學的運作，每當經費的水位下降，就是連爸開始傷腦筋的時候，透過榮星教會還有各地親友的愛心，有時是感恩節大家拿存的撲滿來教會「殺豬公、數銅板」；有時是透過連爸利用在牙科診間看牙的機會，跟病人分享西非的需要。總之，這十多年來，上帝很奇妙的讓我們一關又一關的過去，如今，我們已有第一屆的畢業生上了大學，在全校一百個孩子中，每年有十多個畢業、又召募新生，並且提供獎學金給畢業生繼續念中學。這本畫冊的創作，就是源自於我們想要幫霖恩小學擴建中學部來的。

連爸爸的畫展，讓我想到連奶奶（我的祖母）的故事，連奶奶在八十歲的時候第一次提筆，在八十六歲時，畫作被拿到比利時和法國參展。我的父親年輕時就有作畫，但是到了七十五歲的時候開始每天畫一幅，七十六歲有了人生第一次的畫展。連奶奶當年提筆是為了陶冶心情、控制高血壓；我的父親作畫，是為了在西非興建中學。我們家的「長輩圖」，除了連奶奶的畫，如今又加上了連爸爸的畫。我開玩笑的告訴自己的小孩們：「注意，也許爸爸老一點也會去開一個畫展喔！（沒有藉口不去嘗試一下）」

這樣，我們每一代都會有很多流傳下去的長輩圖。

其實，我希望流傳給下一代的，除了畫作本身，更是憐憫貧窮者、關心困苦人的愛心、勇於嘗試新領域、挑戰困難的赤子之心，很開心如今這些值得當傳家寶的信息，可以透過大姊上恩的文字，把它們一併記錄在這本書中，跟讀者們分享。

連加恩

台灣第一屆外交替代役男，在西非布吉納法索服役期間協助當地居民掘井、舉辦「用垃圾換舊衣」等具環保意識的活動，並興建了一所孤兒院，獲外交部頒發「睦誼外交獎章」，是這項殊榮有史以來最年輕的得主，著有《愛呆西非連加恩》《愛呆人生連加恩》《愛呆我家連加恩》。

現為四個孩子的爸爸，目前在哈佛大學博士班進修中。

各界推薦

（依姓氏筆劃順序排列）

本身是牙科醫生，但卻流著畫家的血液。母親是素人畫家，她的畫驚豔法國巴黎。認識連益雄醫師是在連續十幾年澎湖的義診中，後來義診團停了，他還是獨自背著沉重的器材，年年到澎湖義診。最令人感動的是到澎湖醫院身心科院區，為病患免費裝假牙。有一天我到他診所，望著四周的牆壁，竟然都是他在澎湖義診的印象畫作，一幅幅畫作把澎湖的美躍然於畫框之中。

為了非洲的孤兒院，他下定決心每天日以繼夜的畫，除了少數的風景、花草之外，完全取材於聖經故事。這一股的動力源自他對非洲孤兒的愛，以致他的畫深受眾人喜愛，幾乎全數售出。從神來的愛流到澎湖，流到非洲年幼失怙的孩童，流到每個人的心中令人感動。

——澎湖浸信會牧師　吳文宗

感謝上帝賜予機會，能夠為《一百萬個祝福》寫推薦語。從閱讀第一本書《連爸爸說故事》開始，連爸爸生命看似平凡，卻成就許多不平凡的事。

連爸爸用圖畫來說出上帝的故事，上帝揀選一個非專業的人來完成這件事，在上帝奇妙揀選中，素人好像是上帝更愛的，因為無法倚靠所學的專業，因為當我們無可誇口，只能誇上帝，仰望上帝的賜予。

「我們所領受的，並不是世上的靈，乃是從神來的靈，叫我們能知道神開恩賜給我們的事。」（哥林多前書 2:12）

畫中透露每一處都有上帝的榮光，駐足在連爸爸的畫前會讓你發呆，因為上帝在畫裡面，如同素人演出，表現出來的情感直接且真摯，有時專業技巧是無法用最單純的筆觸來感動任何的觀眾，因為只有用上帝眼光才能透出更真實的生命。

感謝上帝打開我們更多元的恩賜，讓恩賜成為世人的祝福，並影響人。在連爸爸的畫當中，用色、筆觸、構圖、視角有一股上帝的力量伴隨著，因著上帝與連爸爸同在，上帝更願意與你我同在。

——恩友福音劇團團長　李逸琳

是什麼原因可以讓一位七十多歲的長者很有紀律的每天拿起畫筆畫出一幅又一幅的畫呢？是什麼原因可以讓一位家庭主婦常常跪在窗台前寫出一篇又一篇的禱告文呢？答案就在這本書裡面！

我的岳父，從很會說故事的連爸爸，到神蹟電台台長，現在搖身一變為畫家，用他的畫筆勾勒出創意與熱情。

我的太太上恩，從《愛呆我家連加恩》裡的女兒，搖身一變為心靈作家，用她的筆把由衷而出的禱告記錄下來。父女聯手，把他們的「五餅二魚」獻上，要把祝福送到大家的手中，也送到西非遙遠他鄉的那群孩子手中。

——馬偕醫院外科醫師　林俊昌

太讚了，《一百萬個祝福：連爸爸畫中有話》要出版了。首先，整本書充滿愛心與祝福，話是有能力的，祝福的話看了、說了，就得著祝福。第二，畫充滿意境的美，撒瑪利亞人救人時將受傷的人抱上馬背，感受到他的付出與捨己的愛；耶穌為門徒洗腳，感受到謙卑。第三，畫是寫實、逼真，栩栩如生。基隆八斗子海邊的畫，層次分明，感受到山的綠意，海邊的自然、釋放。整本書看了，感受到愛心，美感及祝福，這是祝福生命的一本好書。

——台中東海靈糧堂主任牧師　林進泰

聖經說，比撒列被聖靈充滿，就做成敬拜會幕各式各樣的巧工（出埃及記 35:30-33）。聖靈是真善美的神，是最完美的藝術家。許多的藝術作品讓人歌頌作者的才華，連爸爸的作品卻讓人歌頌上帝的偉大，因為他的每一幅畫，都是聖靈充滿的作品，就像當年神充滿比撒列所做的一樣。連爸爸將他與神同行超過七十年的生命智慧與屬靈視野，透過繪畫及禱告的詩篇跟我們分享，裡面有非常多屬靈的寶藏。這是一篇篇有畫面的禱告，這些畫面不是從人來的幻想，而是從神來的應許與異象。值得反覆的、細細的品味。這是值得珍藏一輩子的屬靈巨作！

——哈佛藥物流行病學博士　林奎佑

連長老又要出新書了！從一個貧窮家庭的孩子到牙醫師，從牙醫師到作家，為了西非孩童和教會建堂的需要，連長老再次呼求上帝，這一次，上帝使他成為一個素人畫家！這本書收集了連長老的畫作和女兒上恩為每幅畫寫的話，叫人看見敬畏信靠上帝的人，神蹟奇事必隨著他。願上帝使用這本書成為千萬人的祝福！

——內湖靈糧堂主任牧師　莊嘉琳

看到連爸的身形，走起路來更較之前緩慢了些，讓人想起朱自清描寫父親的「背影」和那關愛子女的心境；而連爸的愛，不僅在自己的子女，更時時心繫在非洲育幼院霖恩小學失怙的小孩。那憐憫孤兒寡母貧窮困苦人的心、為募款廢寢忘食疾筆作畫的手，和他的身形步伐成為非常強烈的對比；也許連爸體能不若以前強健，但揮灑畫筆的手如同手握利劍的大能勇者，為了愛在征戰、為了霖恩的小孩在耕耘；讓我們能親眼看見神的愛、神的靈在動工、在引領，多麼榮美的見證！

——機械工程博士　周漢章

記得將近五年前來到榮星教會擔任牧師，那時連爸爸送我他的第一本書《連爸爸說故事》，他在書上簽名並送我一句聖經經節：「耶和華——你們的神使你們多起來。看哪，你們今日像天上的星那樣多。」（申命記 1:10）沒想到連爸爸後來出了第二本書《連爸爸的神蹟電台》，現在又要出第三本書了！我深深感受到所信的神是如此奇妙的神。從去年九月開始為了「連爸爸一百幅畫義賣」畫展而開始繪畫，如今竟也同時出書，而所畫的圖就像他寫給我的話：像天上的星那樣多。

所謂「畫中有話」，當你用心中的眼睛去看連爸爸的每一幅畫，再加上他的女兒上恩所寫的祝福的話，我相信你的心靈將被觸動而感動，這個家庭是一個充滿祝福的家庭，神賜給他們許多極寶貴的產業，非常值得我們效法學習。

在此祝福連爸爸如同聖經中所說：「要擴張你帳幕之地，張大你居所的幔子，不要限止；要放長你的繩子，堅固你的橛子。因為你要向左向右開展；你的後裔必得多國為業，又使荒涼的城邑有人居住。」（以賽亞書 54:2-3）

也祝福每一位看《一百萬個祝福》的人，願神透過「畫中有話」對你們說話，使你領受神要給你的美好的祝福與豐盛的產業。

——榮星教會主任牧師　符明勝

一幅畫作想表達的話或所蘊藏的含義，或畫本身存在的真義，有人說是畫中所呈現之人與自然間之直接關係（參見史作檉老師的美學論文集）。連長老的畫就是在描繪他與造物主的直接關係，藉由耶穌基督所給予他那種能改變人心、幫助人、引導人的生命。

連長老從年輕就找機會幫助人，找機會做改變人心的事。前兩年他寫了兩本《連爸爸的神蹟電台》，描繪在他身上或在他周遭朋友發生改變他們一生的故事。去年他為要幫助西非布吉納法索的霖恩孤兒們，又起意用彩色鉛筆畫來表達上帝在他自己身上或在他人，甚或各種受造之物呈現的神蹟。

為了傳達裡頭的含義，由他大女兒上恩寫作畫中的故事，其實也是上恩描述自己這幾年經歷她先生：馬偕換肝專家林俊昌醫師罹癌後，全家緊緊相連重新站起來，幫助許多換肝病人的生命故事。

看畫的人定能同享連長老和他女兒那種從耶穌生命而發光發熱的人生。

——航空工程博士　許世典

二〇一九年何等奇妙，何等榮耀，做新事的神，神的國降臨在個人、家庭、教會、社區，好事、美事在恩典中榮耀發生。

今年二月九日邀請胡美華長老到家裡聚聚，成就了我心頭上的渴望和仰望，好事、美事都發生了：

①二月十八日完成了先生生前交代的遺志，參與地球另一端：布吉納法索霖恩孤兒院的奉獻。

②連益雄長老的一幅畫，預定我女兒的婚禮。

因神同在豐盛榮耀的應許在二〇一九年要成就好事，高唱哈利路亞，神的良善、恩慈，如此的信實。

「求你使我清晨得聽你慈愛之言，因我倚靠你。求你使我知道當行的路，因我的心仰望你。」（詩篇 143:8）

——靈糧堂牧師、益人學苑大安分校校長　連麗玉

上帝用智慧和恩典創造了這世界，仰觀天空的星宿，俯瞰山谷的野花，都是上帝奇妙的傑作。就如聖經在羅馬書一章二十節說：「自從造天地以來，神的永能和神性是明明可知的，雖是眼不能見，但藉著所造之物就可以曉得，叫人無可推諉。」原來信仰除了用聽來領受外，也可以藉著看來認識神。而榮星教會的創堂長老連益雄醫師就是一位不但用言語來見證福音，更有獨特的恩賜用畫來述說上帝奇妙作為的一位

奇特的畫家。

許多人認識的連長老、連爸爸、連醫師，可能是他的講章，或他的著作。但上帝又給他另外的一項祝福，就是能在極短的時間內完成一張張的曠世佳作，其作品涵蓋聖經見證、西非感人故事、耶穌行傳，甚至舊約聖經的地理歷史沿革。而作品的特色，不只是讓人有賞心悅目的意境，更蘊藏有鼓勵、安慰與祝福的動力，許多人單是從影像得觀，就領受到極大的祝福與恩寵，難怪畫一出就已大半被搶購一空。因為每一幅畫都是有溫度的巨作。

連長老不僅將其畢生對信仰的委身與執著融入其畫作中，上帝也藉著這些畫要祝福所有擁有此畫作的人，因為每幅畫都是經過聖靈所默示的。上帝給連長老夫婦在財務上、婚姻上、健康上，及兒女成就上的祝福，同樣要加倍祝福在每一位擁有此畫作的人身上，因為每幅畫的價金都是用在支持西非孤兒院之善工。而聖經肯定的應許我們、施比受更為有福，就讓我們一起來領受這份從神而來的祝福。

——榮星長老教會長老、台灣長照醫學會理事長　劉伯恩

十幾年來，我念醫科、到非洲當醫生，並在三十歲受洗成為基督徒，這一切意想不到的人生轉變，都是受連加恩醫師的影響。而加恩心中滿溢著對世人的關懷，除了來自上帝，當然也承襲自連爸爸與連媽媽的教養。這次，愛說故事的連爸爸用一百幅畫帶領我們前往世界的角落。打開書，讓我們一同踏上傳愛的旅程吧。

——新竹馬偕紀念醫院兒科醫師　戴裕霖

自序

Ekio，願為西非帶來一陣風

連益雄

我出生在淡水，大學以前都住老家，我家隔一條馬路就是淡水河邊，淡水河每日有兩次漲潮，漲潮時就成為我們這些孩子的游泳池，也是釣魚的地方。

淡水河出海口非常廣闊，又可看到遠方的觀音山，每天傍晚，都可看到夕陽無比燦爛，日日不同，小時候就想這些美景應該留下描繪成冊，奈何小時家境貧困，無法完成心中意願。

我兩歲時父親病故，母親帶著一家七位孤兒，她沒有受教育又無一技之長，但信仰耶穌，人生關卡，一一度過。母親老年時與我同住，有一日她看到電視上有人發明東西，造福人群，她自嘆自己沒用處，也沒有發明東西幫助別人，她那時八十歲。我內人胡美華長老聽到了，就說：「媽媽我替妳禱告，讓妳可以發明東西。」她回說：「發明東西也能靠禱告嗎？」禱告後，神蹟發生了，胡長老買一支自來水毛筆要給母親寫字，結果她沒有寫字卻畫畫，這是我們家畫畫的開始。

神興起環境，讓一位在巴黎留學研究璞素藝術的洪米貞小姐回台搜集台灣素人畫家的資料，結果拿了我九十一歲母親的畫去巴黎展覽，當時她已完成三百多幅，她的畫的特色是用麥克筆在美耐板上作畫，那是世界第一人，這也算是發明東西了。那個畫展同時有台灣十七位的素人畫家參展，法國評論家說，我母親是基督教進入台灣一百多年來的代表，因為她畫了許多的聖經故事。

當我七十五歲時，我問自己，母親八十歲開始畫畫，那我這一生是不是也能畫畫？上帝知道我心中的意思，有一天晚上啟示我的內人，告訴我要開始畫畫，要畫一百幅，而且這些畫要捐出為西非孤兒院的運作。

西非布吉納法索的孤兒院是我們教會的青年連加恩，二〇〇一年陽明醫學院畢業，志願當我國第一屆外交替代役派往該國，他在那裡推動垃圾換舊衣，挖水井又建孤兒院，榮星教會成為他的靠山，十七年來我們每月寄台幣十六萬，照顧一百多位孤兒和十五個工作人員的家庭。該國在二〇一六年五月與我國斷交，我們覺得慈善和政治無關，應繼續支持他們，孤兒院被該國教育部承認為小學，我們想到小學畢業生應繼續上國中、高中到大學，或是職業學校，學有一技之長，因此我們目前有為他們建國中的計畫。

這次透過畫作義賣，希望能奉獻一點微薄的力量，我的女兒上恩認為每一幅畫都有話說，因為我畫畫的時候，一方面聽聖經也聽讚美詩，每一幅畫都有聖靈的恩膏，上恩透過禱告，竟然為每一幅畫寫出感人的話語，這些畫不只讀者可以看到美麗的顏色，使我們每日的枯燥生活有一點維他命，而且可以從上恩的話語中，得到上帝的啟示。

我在日治時代出生，那時男孩命名多有雄字，我名叫連益雄，用日語讀出叫 Ekio，後來有人叫我 Ekio，我就知道不是我的親戚就是淡水教會的會友。我六十歲時和內人胡長老，曾到一家神學院修課，有一天有位美國來的牧師講課，他使用使徒行傳二章一—四節，他說五句節時聖靈降臨，有一陣風，又有火焰降下，他說那一陣風原文叫 Ekio，我聽了為之一震，我到六十歲才知道我的名字的意思就是一陣風。

這次的畫我就署名 Ekio Lien，我希望收藏我的畫的人，聖靈也讓你像一陣風帶給你周圍的人涼快，心中激勵，苦惱離開。

我要感謝我的內人，胡美華長老，她寫了見證，讓這本書更加光彩，更有分量。

我也要感謝我的大女兒上恩，沒有她，這本書不過是一般的畫冊，但經過上恩的詮釋，這本書不只是賞心悅目的畫冊，也是一本安慰心靈、使人勵志的書。

謝謝圓神出版社肯為我出書，他們有極高的效率，而且他們的作品是這樣精美，特此感謝全體同仁。

謝謝很多我的至親好友為這本書寫推薦文，希望他們的感動也能感動看書的人。

我也謝謝購買這本書的朋友，使你的人生更美好，你每一日都不一樣，今日要比昨日好。

最後要感謝天上的父神，我在地上沒有父親，但上帝天天教養我，一切的機會、一切的靈感都是從祂來，祂是美好的神，滿有慈悲和愛。

自序

用色彩祝福，用文字禱告

連上恩

自從加恩二〇〇四年在西非建立霖恩育幼院後，孤兒院的經費一直是爸爸每個月心繫的大事。雖然他已經把我們家三個孩子養大成家立業，但是他總是覺得自己仍有一百個孤兒院的孩子還責任未了。正因如此，當他重拾畫筆開始畫畫，這個畫作義賣的想法就從爸媽的心中浮現，期待能集結更多人的愛心，將國中建立起來，讓這間孤兒院的發展能永續下去。

爸媽的想法一說出，引起大家熱烈的響應，愛心人士的認捐與奉獻，一再的感動我的心。原本我的初衷只是想替爸爸寫一張張的卡片，謝謝購畫奉獻的弟兄姊妹，我禱告，求上帝給我祝福的話送給每一位購畫的人，根據爸爸畫作的內容，用文字的方式，傳達這幅畫給他的祝福。這些文字不是描述我的心情，也不是集結我的創作，而是我為每一位購畫人的禱告與祝福，謝謝這些高尚又謙卑的靈魂，有些人不具名的捐助，不求回報，是珍貴默然的愛。

謝謝上帝讓爸爸能用色彩祝福人，我也要感謝上帝讓我能用文字為人禱告，上帝的祝福是代代相傳的，願台灣人的愛心能長長久久地種植在西非，將那地的孩子緊緊包圍。

傳達上帝恩典的一百幅畫……

西非之愛

上帝揀選你，並不是因為你的優秀，並不是因為你的努力，上帝揀選你是因為祂聽見西非孩子的禱告，是因為祂要堅定祂向你列祖起誓所應許的話，當你伸出有力的膀臂，成為萬人的祝福時，請記得看看人們的眼神，那裡會有從上帝來的感謝，會有從天上來的稱讚與鼓勵，那是靈魂所發出的讚美，而你就是第一個欣賞得到滿足的人。上帝很愛你，因為你是如此的委身愛祂，這樣的愛要延續在你的子子孫孫，他們都要因為你的敬虔得蒙加倍的祝福。

Ekio
Lien
2019.

上帝的園子

上帝必親自澆灌祂的園子，使百穀成長茁壯，你的心要驚奇上帝的作為，不要為結果常常憂心，你努力的耕種，如今要百倍收成，成為大富戶。你當憐憫貧窮人，那就是借給耶和華，你必成為多人的供應，給予將成為你最喜樂的事。你將越給越多，越給越喜樂，因為這是你的呼召。

天國之路

萬人要透過你的生命走進神的國，從高處到低處都有人呼喊讚美上帝，眾城門將要抬起頭來，因為我們的神要進來這座城。你所在的城市要經歷一個復興與翻轉，人要湧向上帝的國，人們要喜樂的走向上帝的呼召。而你呢？將有極大的喜樂充滿你，你是神的僕人，上帝喜悅你所做的。

EkioLien
2019.2.21

給的你

上帝不甘心使你受苦使你憂慮，祂要照祂諸般的慈愛，發憐憫幫助你，你的生命要飽有美福，你要經歷五餅二魚的奇蹟，祂要透過小孩子來祝福你的生命，你也要成為一個分送上帝祝福的管道。飢餓的人要得到飽足，憂愁的人要得到喜樂，你不再是缺乏的，你是一個給的人，上帝必將資源能力賜給你。

興起發光

興起發光！因為上帝的光已經來到，這光要發現照耀你，黑暗遮蓋大地，祂的榮耀要顯現在你身上，人們要發現這光，這光線有醫治之能，不僅要醫治你的身心靈，還要醫治你的家人。大山可以挪開，小山可以遷移，但主的慈愛必不離開你，祂平安的約也不遷移。

親近神

你要為自己栽種公義，就能收割慈愛，開墾荒地尋求上帝，等候上帝降臨的日子，祂要在荒野中對你說話。別想自己目前的景況，枯樹沒有葉子只是時間未到，一旦春風吹拂，整棵樹上會布滿了新葉，花苞果實都會在上帝的計畫中來到，你只管天天來親近上帝，從祂的信實慈愛中支取養分，成為你將來結實的能量。

建造神的家

一起來建造神的家，上帝要使這個聖殿滿了神的榮耀，萬國的珍寶都要運來，這個聖殿後來的榮耀必大過先前的榮耀。雖然仇敵曾經將它拆毀，但是上帝必親自建造它，重建的日子是美好的，人們因為團結合作彼此相愛，使仇敵閉口無言，上帝必親自組織這個重建的團隊，人人都要歡喜快樂。

Ekidi
2018.11.

幸福的力量

耶穌代替我們的軟弱，擔當我們的疾病，壓傷的蘆葦祂不折斷，將殘的燈火祂不吹熄，來就近祂，祂要使你靈魂興盛身體健壯。祂的眼目遍察全地，要顯大能幫助向祂心存誠實的人，祂要醫治你的百骨，使你身心靈健壯能享受上帝的美善，你將恢復感受幸福的能力，成為一個散播幸福的人。

雅各井

你喜愛公義、恨惡罪惡，上帝要用喜樂油膏你勝過膏你的同伴，你學習耶穌的榜樣，常常在人群中尋找失喪的靈魂，將他們帶到活水的井水邊，得到滋潤與安慰。如今你的活水要更多的流露出去，使更多人得到幫助，上帝要挖深你的井、擴大你的井口，使你可以盛裝更多的水來供應別人的需要，要向上帝大大張口，祂就要充滿你，甚至無處可容。

Ekio
Lien
2019

Ekio Lien
2018.11.22

尋求

人的心在尋求神，尋求饒恕與盼望，人們在孤寂的島上等待生命的更新與拯救，聽見人們心中的吶喊，那是上帝對世界的呼召，上帝要將人的石心換成肉心，將復活帶到人的生命之中。你要見證這件奇妙的事，所有的捆鎖都要被折斷，上帝必在你面前行，為你砍斷銅門斬斷鐵栓，你必得著自由的生命。

永不動搖

上帝要以慈繩愛索牽引你，遠邊的山和緩緩的流水都在述說，上帝是永遠不變的神，山雖動搖地雖改變，上帝對你的愛永遠不變。祂在你生命中，必因你歡欣喜樂，祂默然愛你，雖然你是如此的渺小，但是祂要使你行走在高處，成就祂的旨意，是沒有人可以測度的。

隱藏的豐富

你的心中有一座高山，被終年的積雪覆蓋，這座山有豐富的資源，沒有人發現，當春天一到冰雪融化，上帝將為你做新事，讓人看你生命的豐富，讓人感受到你心中的憐憫。這一切都是上帝在暗中放在你的裡面，你只管晝夜思想上帝的話，天天來嘗主恩的滋味，知道上帝的美善明白祂的旨意，上帝的美好中必刻畫你心版上，讓人忍不住要靠近你。

恩典之路

有一條路引到永生，那是恩典之路，找著的人少，但你就走在其中。上帝以恩典為年歲的冠冕為你戴上，你的路徑都要滴下脂油，因著你的心常常知足感恩，不管處豐盛或缺乏都讚美上帝，信心的花朵將盛開在你的生命中，讓人驚嘆信靠上帝的力量，是如此浩大。

EKIO
Lien
2014.
2. 1.

Ekio
Lien
2019.

好撒瑪利亞人

慈愛誠實必不離開你，將繫在你頸項上、刻在你心板上。你像好撒瑪利亞人一樣，愛鄰舍如同自己，凡你所祝福的人，必經歷上帝的憐憫和醫治，你愛那看得見的弟兄，神在暗中必報答，恩典必充滿你，你的路徑都要滴下脂油。

朋友

上帝必稱你為朋友，祂要與你面對面的交談，也要陪你在人生中的冬天，一起欣賞這世界的變化與美麗，上帝的計畫將要不隱藏的向你述說。天地雖然要廢去，但上帝的話一點一滴都不會廢去，你只管緊緊的跟隨，天天來在上帝面前敬拜，祂必將又大又難的事指教你，而你就是祂最好的小幫手。

Ekio
Lien
2019.2.4

見證分享 1

你愛我嗎？

在去年九月的一個三更半夜，睡夢中被神的靈感動因而驚醒起來，聽見一個聲音：「你愛我嗎？」而且連續問我三次。聽見神溫柔的聲音，我就說：「主啊，我愛祢，我把五餅二魚都獻給祢、全都獻上，無論祢吩咐我什麼，我願意順著祢的旨意行，願意成為領受祢話語合宜的器皿，好讓祢的話語被更多人聽見。」

我感受到主吩咐我，告訴連爸『Ekio』為『一陣風』之意，要叫他畫一百幅畫，為西非布吉納法索下個十年募建國中，並為榮星建堂的資金八千多萬想辦法。一百幅畫要義賣全額奉獻，初熟的果子要全部奉獻尊榮耶和華，要為主多走一哩路。這是主耶和華要告訴我們夫婦的話。

我迫不及待的等到天亮，因為好像得到一項使命、聖旨。我心歡喜，我靈快樂，我們被神驗中。到了早上七點，我馬上告訴連爸三更半夜時主對我說的話，並且立刻在 LINE 上發布：「神要讓連爸成為『國際神畫家』。」

連爸剛聽到時，馬上回我說：「不要害我，我四十年前從彰化基督教醫院回來後，都沒時間畫圖，每天忙開業為病人服務看牙，教會事奉忙碌，畫意靈感早就拋到九霄雲外了。」但當他聽到要為「西非建國中」和「榮星建堂」時，就沒再說什麼了。**「隨從聖靈的人，體貼聖靈的事。體貼聖靈的，乃是生命、平安。」**（羅馬書 8:5-6）

在一個星期內，連爸騎著他最愛的摩托車奔馳於各美術社，買了最好、最棒，由國外進口有一百五十種顏色的油性彩色鉛筆。美術社老闆告訴連爸，這都是專業畫家在用的，他不知連爸是未來的「國際神畫家」。總之，連爸把加拿大和德國製的彩色筆全部買回家，從去年九月開始了一百幅義賣畫的創作。

「沒有異象（或作默示），民就放肆，惟遵守律法的，便為有福。」（箴言 29:18）燦爛精采的畫之旅程展開，每天都是神奇的一天，沒有看診時就開始畫畫，每天忙得不亦樂乎。**「神能照著運行在我們心裡的大力，充充足足的成就一切，超過我們所求所想的。」**（以弗所書 3:20）

「你們要事奉耶和華你們的神，祂必賜福與你的糧與你的水，也必從你們中間除去疾病。」（出埃及記 23:25）

Ekio
Lien
2019

分別為聖

不可使慈愛誠實離開你，要繫在你頸項上刻在你心版上，專心仰賴耶和華，不可倚靠自己的聰明，遠離惡事分別為聖，在這個彎曲悖謬的世代作鹽作光，讓人看見上帝的作為。你要為真理打那美好的仗，勇敢的站立，不要看環境是如何的髒亂汙黑，上帝要給你有分別為聖的能力，如同荷花般的單純與美麗。

蒙恩

你當剛強壯膽，神的靈要親自向你顯現，你必使孤獨的人有家，使貧窮的人有糧，行善不可灰心，因著信靠，你的一生就有說不出來滿有榮光的大喜樂，你心中的一塊田地，將長出美麗芬芳的花朵，供人欣賞與休憩，人們樂意與你相親近，因為你是蒙大恩的人。

Ekio Lien
2018.11.17

Ekio Lien

節奏

上帝要將又大又難的事指示你，超越眾人的啟示與智慧，大自然潮起潮落的規律，述說上帝治理大地的智慧，你也要抓緊上帝做事的節奏與脈動，動靜之間學習祂的力量與安息。安靜是上帝的智慧，內在生命的操練才是得勝的祕訣，在聖靈裡禱告，成為上帝心上的人。

夥伴

你得幫助是在乎倚靠造天地的耶和華，祂要將夥伴賜給你，使你不致孤單，你雖然被眾水包圍，困難卻不能攔阻你享受生命中的美好。上帝將你放在祂手心，當你堅心倚靠祂，祂必保守你十分平安，你要天天述說上帝的奇事，傳揚在萬邦。

Ekio Lien
2018. 11. 23.

Ekio
Lien
2019.
4..11.

定睛十架

忠心的你常常來到十字架前，你是祂所愛的僕人也是祂知心的朋友，更是祂所珍愛的新婦。你常常等候祂尋求祂的旨意，當祂說停止時，你就放下；當祂說起行時，你就快跑跟隨！你是如此地知道祂的心思與意念，當你已為祂視萬事為有損，以認識耶穌為一生的至寶時，這世界已經不能攔阻你去完成祂的工作了。去做吧！將上帝給你的感動化成行動，讓世界恢復原有的美善。

安然居住

當上帝把賜給你的產業擺在面前時，你的心要相信並要讚美，上帝為你預備一個美麗居所，使你可以與妻子孩子歡喜安居，不要懼怕也不要驚慌，因為你無論往哪裡去耶和華你的神必與你同在。離開本地往應許之地時，別忘記將上帝的恩典向人述說，更要將這個奇妙的故事告訴你的子子孫孫。

EkioLie

荒野中的希望

你必修造已久的荒場，建立先前淒涼之處，重修歷代荒涼之城，建造神的家。人必稱你為神的僕人，你的後裔必在列國中被人認識，人們看見他們必知是耶和華所賜福的後裔，教會的復興必從你家開始。這個復興是建立在神話語的磐石上，是沒有人能奪去的。

初熟的果子——

來讚美上帝，因為祂醫好傷心的人，裹好他們的傷處。祂像農夫一樣精心地照顧每一顆要收成的果實，你是祂精心呵護長大的果子，祂將你安置在高處，使你遠離世俗的爭鬧。你只管常常靜默在上帝面前，晝夜思想祂的話，以生命的成熟滿足來回報祂。你要以財務和一切初熟的土產尊榮耶和華，這樣你的倉房必充滿有餘。

Ekio
Lien
2019.
4.18.

Ekio
Lien
2019.
3. 9.

生命河

聽從遵行上帝的律例典章將使你蒙福，雖然罪惡與你相爭，但你卻要得勝，分別為聖，上帝必親自引導你，有生命河的水滋潤你的生命，你不再是從前的枯枝，枝子要得到醫治，可以結出許多果子，樹上的葉子可以使人得到醫治。你從前風聞有上帝，如今你要親自看見祂的榮耀。

跨越

你要剛強壯膽，不要懼怕也不要驚惶，因為你無論往哪裡去，耶和華你的神必與你同去。上帝要幫助你完成這個跨越國際的夢想，雖然你有時覺得無路可走，前面是海洋，但是奇妙的上帝要在沙漠開江河，在淨光之處開道路。你只管向上帝承認你的軟弱，緊緊的跟隨祂的腳步，務要竭力進入安息，知道祂是神，當你學會歇了自己的工作時，上帝就會啟動祂的工作。

祝福

耶和華憑公義召你，必攙扶你們的手，保守你們使你們成為眾民的中保，作外邦人的光，你們必有以利亞的心志，叫許多人回轉歸向神，叫為父的心轉向兒女，叫悖逆的人轉從義人的智慧，又為主預備合用的百姓。你們要歡歡喜喜的收割莊稼，你們的子子孫孫也要承接這樣的祝福，看見神的國大大興旺。

美善之路

你要盡心盡性盡意盡力愛主你的上帝，並要愛鄰舍如同自己，你要跟隨耶穌使萬民作上帝的門徒，上帝必在你前面行，為你修平崎嶇之路，使城門在你面前敞開不得關閉。不要懼怕也不要驚慌，因為你無論往哪裡去，耶和華你的上帝必與你同在，上帝的道路是一條美麗的路，當你走在其中，你要開心的欣賞祂的作為。

滿足

上帝造萬物，各按其時成為美好，所有的計畫都有定時，來向祂尋求智慧，讓祂的話成為你腳前的燈、路上的光，照明你心中的眼睛，啟動你靈裡的渴慕，將上帝擺在你生命的首位，你將發現所栽種的果實（計畫），一一地成長成熟，收成百倍，脫離地的咒詛，甜美又好吃，悅人的心並祝福這個世界。

見證分享2

一百萬的神蹟

「主的名稱為奇妙策士、全能的神、永在的父、和平的君。」（以賽亞書9:6）

有位蘇弟兄長年是連爸的牙科病人，有次來看牙，發現連爸在看診空檔時都在作畫，而且畫了很多素材，如風景畫、五餅二魚、結果子纍纍、萬里長城、耶穌平靜風浪、耶穌為人洗腳、雅各井、得人如得魚等等。他問起每一幅畫的承意，當問到一幅非洲布吉納法索的畫，他才得知在十五年前連加恩在服第一屆外交替代役時，上帝很奇妙的感動了他在布國推行垃圾換舊衣的活動，並挖井、蓋孤兒院照顧了一〇八位孤兒，還在孤兒院建立了一間教會。給魚不如教他們如何釣魚，之所以建立教會，就是教當地居民如何與這生命的源頭連結，耶和華是我們的好牧者，有了這牧者必不致缺乏。而在地球的另一端，台灣的榮星教會成為一個管道，每個月十六萬台幣的善款進入榮星的西非事工，幫助了布吉納法索的一〇八位孤兒，使他們真是不致缺乏。

「耶和華的聖民哪，你們當敬畏祂，因敬畏祂的一無所缺……尋求耶和華的什

麼好處都不缺。」（詩篇 34:9-10）這位蘇弟兄聽了之後深受感動，回到公司後告訴了女老闆，沒想到這位低調的女老闆，竟然在兩小時內匯了一百萬到我們西非事工，協助我們下個十年要建國中的美夢。這真是奇妙，而且這位女老闆不願具名，至今仍不知這位善心人士是誰。**「施行仁慈的，令人愛慕。」**（箴言 19:22）**「憐憫貧窮的，就是借給耶和華；他的善行，耶和華必償還。」**（箴言 19:17）。

這一百萬善款在短短的兩個小時就募得，真是神蹟奇事，牧師笑說連爸爸要是宣告需要二百萬或三百萬，應該也是水到渠成。**「你要大大的張口，我就給你充滿。」**（詩篇 81:10）這真是大大的鼓勵了連爸，同時也給我們榮星教會一個很大的定心丸。**神是「忽然行作，事便成就。」**（以賽亞書 48:3）

願神大大祝福這位不願具名的女企業家，願天上的甘露、地上的肥土，上尖下流、連搖帶按的祝福她的公司、家人，有好機會為她一直敞開，得百倍的收成。**「耶和華賜福給他，他就昌大，日增月盛，成了大富戶。」**（創世記 26:12）

耶穌履海

信心是跨出勇敢的步伐躍入海中，因為在風浪中，有耶穌的同在與同行，不要看環境不要看自己，單單將眼目定睛在耶穌身上，行動和信心要一併地成長。義人的腳步被耶和華立定，你的道路祂也喜愛，你雖然失腳也不致全身撲倒，因為耶和華要用手攙扶你。學習用享受的心來度過艱難的時刻，在風浪中仍舊可以歌唱。

Ekio
2019.1.31

美麗人生——

你是蒙神所愛的兒女，上帝深愛著你，祂要以愛為旗覆蓋在你身上，等你自己情願來跟隨祂，祂要為你的生命畫上美麗的色彩，挪走一切的黑暗與陰霾，有燦爛鮮明的顏色在你心田裡渲染開來。你的幸福將來自於認識祂，你的成功將來自於事奉祂，你的安息將來自於渴慕祂，然後祂要跟你一起享受這個美麗的人生。

杖

你是神蒙愛的兒女，你不可輕看祂的管教，被祂責備時也不要灰心，因為主所愛的祂必管教，上帝的杖使你走在正路，也是你一生保護，祂用杖管教也用杖擊打仇敵，你在祂安穩的保護中。上帝也要膏抹你的母親，因為她是你一生的守望者，她終日站在城門口為你禱告，她的身影使你想起上帝的祝福。

2019.2.21

提升

因著信，你的生命要經歷兩階段的提升，每一次的難題都是上帝精心為你設計，以此裝備建造你成為合乎主用的器皿，你要將下垂的手發痠的腿挺起，要追求聖潔並且與眾人和睦，你堅持做對的事是上帝所喜悅的，判斷的智慧來自於祂，祂要將又大又難的事指示你，使你知道提名召你的就是萬軍之耶和華。

成熟

辛苦所耕種的果園將要收成，一批批的果實都要成熟，你要在樹下歡喜跳舞，上帝要紀念你的殷勤及忍耐，原本快要死去的樹木，因著你信心耐心地照顧，都要活過來，你堅強地守住這個園子，如今這個園子的果子都要述說上帝的奇妙，是上帝親自叫它成長的，你栽種澆灌，是上帝忠心的僕人，在上帝的國中必得稱讚。

Ekio
Lien

EkioLien
2018.12.2c

活潑的盼望

上帝使你有活潑的盼望，為你留存那些不能朽壞、不能玷汙、不能衰殘永遠的基業。人生有如岸邊的礁岩，風浪天天拍打，有百般的試煉臨到，讓人暫時憂愁，但因著你對上帝的信心，環境不再成為你的絆腳石，信心被試驗後就比那能壞的金子更顯寶貴，將來你必在上帝面前得著稱讚榮耀及尊貴。

信心（摩西舉杖）——

你的生命要經歷紅海分開的奇蹟，舉目仰望耶穌，不要迴避面對困難，你要與困難面對面，上帝必將你生命中的摩西帶到你身邊，來幫助你鼓勵你。信心就是當你看見紅海，仍然相信上帝拯救，我們勝了這個世界就是我們對上帝的信心。

EKao
2019.3.

Ekio
Lien
2019

夢想再綻

在無可指望之處，上帝仍然能使百花盛開，在乾旱無水之地，上帝依舊可以使你的生命燦爛豐富，上帝和你立下的約定，祂沒有一天忘記，雖然你早已將夢想塵封，過著平凡的生活，但是上帝並沒有將它塵封遺忘。夢想是祂放在你心中的計畫，從前你想要自己完成它，但上帝的意思是：祂要和你一起同工。你要更多操練敬虔的事，聆聽祂的聲音，你的夢想將重新綻放，美麗超前，要述說上帝的榮耀。

神所愛的人——

主耶和華的靈要降在你身上，用膏膏你，叫你傳好信息給謙卑的人，差遣你醫好傷心的人，你必修造已久的荒場，建立先前淒涼之處，重修歷代荒涼之城，你必稱為神的僕人，得加倍的產業及永遠的喜樂，你的後裔必在列國中被人認識。你要以神為樂，在密室中面對面和祂談話，祂要向你顯現，沒有攔阻沒有保留，上帝要使你謙卑，將溫柔的心賞賜給你。

Ekio
Lien
2019

Ekio
Lien
2019.2

映照

你當思念天國的事，不要思念地上的事，學習去分辨何為真實的、可敬的、公義的、清潔的、可愛的事務，每當你思想耶穌的美善，願意遵行祂的旨意而行時，祂的生命就要鮮明地在你身上映照出來，像一面鏡子，人們要透過你的生命看見那真實存在的天國，當耶穌的大能顯現在你身上時，就除滅魔鬼的作為，恢復上帝國的榮耀。

活出基督

要緊緊抓住這個因相信上帝而得的應許，天天來向聖靈禱告，你的生命要得著自由，過去的傷害在耶穌基督裡都將成為祝福，如今活著不再是你，乃是基督耶穌在你裡面活著。當你不說話時，上帝要為你說話，為你伸冤，你心裡學習耶穌的柔和謙卑，重擔就要變輕省，因為上帝的軛是容易，你會活出屬天的自由。

Ekio
Lien
2019.
3.14

Ekio Lien

堅固之城——

如今活著不再是你，乃是基督在你裡面活著，不論你身處高處或低處，你都得著祕訣可以享受在耶穌基督裡的自由，上帝必要把你藏在祂的隱密處，免得遇見人的計謀，上帝必暗暗的保守你，在亭子裡免得口舌的爭鬧，在上帝的堅固的城裡，祂要向你施展奇妙的慈愛，因為你的誠實，祂要使你蒙福。

草莓

你若嘗過主恩的滋味，便知道祂是美善的神，上帝對你每一個孩子的計畫都是獨特而創新的，不要限制上帝的作為，把你的憂慮卸給上帝，祂將會使每一顆果子各按時其成為美好，上帝自始至終的作為你無法測度。最重要的是，你要成為一個禱告的人，忠心的為你的果子禱告守望，為他們抵擋仇敵的工作，直到看到果子成熟收割之時，你身所生的要大大榮耀上帝，成為世界的光。

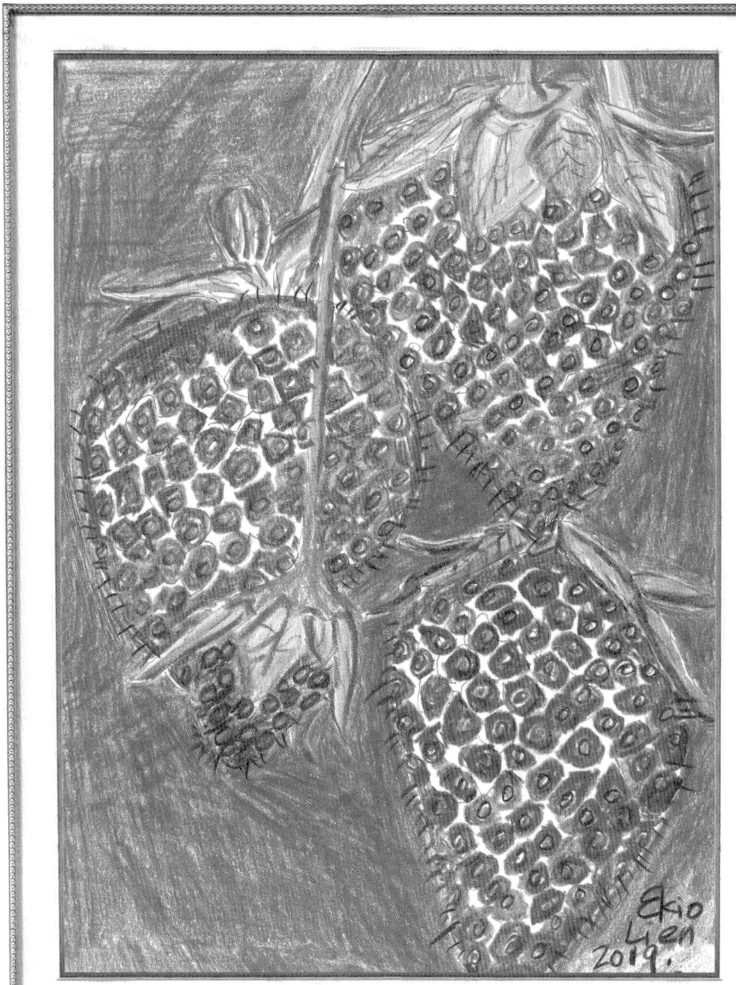
Ekio
Lien
2019.

Ekio
Lien
2019.

轉向

你是神貴重的器皿，是聖潔合乎主用，為要預備行各樣的善事，見證上帝的榮耀。你要遠離世俗的虛談，操練敬虔的事，在耶穌基督的恩典上剛強起來，舊事已過都變成新的，沒有任何事能將你與上帝的愛隔絕，當你一心轉向耶穌，仰望十字架的恩典，大地海洋日光雲彩都要為你歡呼喜樂。

星光

上帝是你世世代代的居所，你必住在至高者隱密處，必住在全能者的蔭下，上帝是你的避難所，是你的山寨，是你所倚靠的，祂要救你脫離危險的網羅和毒害的瘟疫，你必不怕黑夜的驚駭，當夜越黑時，上帝指引的星光要更加明亮，你將讚嘆上帝的同在與醫治，這光要時時照耀你。

2019

Ekio
Lien
2019

天國投資

將才華能力投資在永恆國度的事業上，雖然五餅二魚在人看起來是如此的平凡，但是當你願意將所擁有的東西交給耶穌手中，耶穌將會使用你的才華能力，創造出天國永恆的價值。上帝的意念非同你的意念，祂的道路非同你的道路，創新的想法源自於明白上帝的屬性，這會是你創意的源頭。

歷史導覽員

從前的繁華和建設都將過去，你是一個歷史的見證人，神將你放在歷史的關口，你要成為神國歷史的導覽員，凡是跟著你走覽聖經的人，都要大大驚奇神的作為。你有清楚的口才敏捷的思緒，上帝要親自教導你如何分述祂的計畫，你必剛強壯膽，親愛的神要使你抬得起頭來。

Ekio Lien

Ekio Lien
2018.11.20

溫柔的倒影

美麗的櫻花述說上帝的溫柔，祂要以長久溫柔安靜的心為你裝飾，你是蒙神所愛的兒女，祂領你在可安歇的水邊，你雖然行過死蔭的幽谷也不怕遭害，因為上帝必與你同在，祂的杖祂的杆都安慰你，在你敵人面前，祂要為你擺設宴席，你是尊貴有價值的器皿，你的生命反映出神的良善正直。

母親

上帝必牽著你的手，好像母親牽著她心愛的孩子，每當你想起母親的愛，你就能明白上帝的用心與溫柔，你是美麗的，是值得被愛的，你是被上帝揀選的族類，是君尊的祭司、聖潔的國度，是屬上帝的子民，為要宣揚上帝的美德與愛。你以長久溫柔安靜的心為裝飾，那就是你最美的展現，人們要因為你的溫柔而靠近耶穌，你能將這份愛傳承下去。

Ekio
Lion
2019.6.19.

見證分享3

愛作夢的連阿嬤

在一百多年前，有戶人家的第一個孩子誕生了。因當時民間重男輕女的關係，這位長女就送給隔壁村子的人家做養女。村莊附近有很多基督徒，附近常傳來教堂美妙的詩歌聲，到了禮拜天，這位女孩看到許多爸媽牽著小孩去教會，心中充滿著羨慕和渴望，而且他們都穿得很漂亮。這些人看起來高尚貴氣又大方，態度和藹可親，所以她就偷偷去參加了教會的主日學和家庭禮拜。她常因生下來就被送走到一個陌生的家庭，懷抱孤單感、被遺棄感以及父母不要她的傷心沮喪心情，孤兒的靈、恐懼、害怕常充滿她，但只要到了教會，就會被這群信上帝、愛上帝的人所包圍，滿滿地被給予愛，因而她下定決心信耶穌，不管三七二十一，接受耶穌成為她個人的救主，並且也立下一個心願，將來結婚一定要嫁給基督徒。

十八歲那年經由媒人介紹，安排與家住雙連的連萬發先生結婚，婚前兩人都沒見過面，洞房花燭夜初次見面，先生就說：「我們跪下來禱告。」邀請主耶穌成為他們婚姻的主、生命的主、家庭的主、平靜風浪的主和心靈的避風港。這是經營婚姻的第一站，而「跪下來禱告」最棒！這是連阿公最有智慧的第一招。

「我呼求（禱告）的日子祢就應允我，鼓勵我，使我心裡有能力。」（詩篇138:3）連阿嬤育有六男一女，在英國領事館幫忙照顧小孩，連阿公則在領事館當廚房總監。此時連阿嬤不識字，但她非常好學，學會了羅馬拼音，能夠讀台語、白話字及聖經。

連阿公突然因病過世，連阿嬤三十八歲就守寡，一家七個孩子，還有一個上年紀的婆婆，一家生計全落在這位寡母連阿嬤和大姑連秀美身上。主說，祂是眷顧孤兒寡母的神，也是為貧寒人和困苦人施行憐憫的神。所以連阿嬤每禮拜天就帶著七個孩子去淡水教會做禮拜。失去了地上的父親，連阿嬤帶小孩找到了一位永不改變慈愛的天上「阿爸父」，成為小孩永遠的父親。

在民國六十四年，連爸於彰化基督教醫院服務後返回台北開業，連阿嬤就和這位老六幼子夫婦一起住，每禮拜連阿嬤都會打扮漂亮整齊地到教會敬拜上帝，從不缺席。**「你若在安息日掉轉你的腳步，在我聖日不以操作為喜樂，稱安息日為可喜樂的，稱耶和華的聖日為可尊重的，而且尊敬這日，不辦自己的私事，不隨自己的私**

意，不說自己的私話，你就以耶和華為樂。耶和華要使你乘駕地的高處，又以你祖雅各的產業養育你，這是耶和華親口說的。」（以賽亞書 58:13-14）

連阿嬤最喜歡唱的一首台語聖詩〈四五二首〉：「上帝愛疼怎能許大，歡喜施落給我，揀我卑微小許的人，使我與祂近倚。」每天早上連爸必讀五份報紙給連阿嬤聽，得知國際、台灣發生情況，雖她未出門，但都知天下事。晚上十點，連同孫子上恩、加恩、天恩，三代在家中準時召開「圓桌會議」，有「禱告時間」「溝通交誼時間」「家庭祭壇」，也因而發生很多神蹟奇事。

「你定意要作何事，必然給你成就，亮光也必照耀你的路。」（約伯記 22:28）

有一天連阿嬤突然說：「我一生都沒什麼用處，也沒發明什麼東西，利益別人。」我就說：「媽媽，妳一生栽培七個子女，都沒走樣，大小在國內外都敬畏上帝、事奉上帝、愛神愛人，已經很棒了，在神的紀念冊上妳是排行榜上的名人。」連阿嬤已經八十歲了，還想發明東西，非常值得鼓勵，於是我接著說：「媽，我們來禱告：**『你們祈求，就給你們；尋找，就尋見；叩門，就給你們開門。』」**（馬太福音 7:7）

後來我買了毛筆和麥克筆給連阿嬤，她並沒寫字而是畫起畫來。第一件作品是有人爬到芭樂樹上採芭樂，而樹下有著雞和鴨。那時家中剛好留有裝潢剩下的美耐板，她就利用麥克筆在美耐板上作畫，於是連爸就去買美耐板，切成一塊一塊當她的畫材。因為美耐板表面光滑，麥克筆的色彩不易表現，她使用手將顏料在美耐板上推、擦、塗、磨，製造成不同筆感，真是太奇妙，意外造就了一種獨特的畫風。

連阿嬤繪畫的主題，從淡水教堂、耕種農事、田野風光、生活回憶、聖經典故、刺繡中常見的花、鳥、動物，到寒帶企鵝、熱帶駱駝、草原長頸鹿同在一畫框的，有如伊甸園般的有趣畫面。連爸喜歡作木工，將她的畫裱框懸掛在牙科診所或家裡供人欣賞，很多病人常給予鼓勵和讚美，連阿嬤就越畫越起勁，這就是「鼓勵讚美的力量」。她每一次作畫就禱告，畫不出時也禱告，**「你求告我，我就應允你，並將你所不知道、又大又難的事指示你。」（耶利米書33:3）**

孫子上恩、加恩、天恩放學回來，都迫不及待的問說：「阿嬤今天又畫了什麼？」愛作夢的連阿嬤是素人畫家，八十歲才開始作畫，作品超過三百件，後來她的畫作在法國和比利時展覽半年，人人稱奇。她在畫上簽上羅馬拼音的名字，人們都稱她為九十歲懂英文的阿嬤。

《民生報》《雄獅美術雜誌》陸續來訪報導，後來台北師範學院的蘇教授也率學生來訪，肯定其藝術的水準與價值。後來中視的《早安中國》、台視的《談笑書生》、公共電視皆有介紹。在台北縣立文化中心舉辦的「台灣樸素藝術節」聯展，共有十七位畫家作品參展，連阿嬤是其中之一，成為台灣樸素藝術的代表。

連阿嬤是一位卑微的器皿，主的大能在她身上，一生最美最棒的選擇就是讓主耶穌成為她的靠山、倚靠、永遠的牧者，她必不至缺乏。她常告訴兒孫：「不要怕，只要信。」

因她的信仰，兒孫三代不論在國內外皆忠心服事主，沒有一人失落。兒孫媳婦多人作教會長老或牧師、醫生、航空工程師、電腦軟體工程師、神學博士、市場調查專家、社會工作者、外商銀行專員、護士、老師，真是將一切榮耀歸給神，神使用一位愛作夢的寡婦成就極棒的美夢！

這位愛作夢的夢想家，雖從小被遺棄，三十八歲就守寡扶養七個孩子，但她倚靠神、緊緊抓住神，這位慈愛信實的上帝永不拋棄她。最後她還逐夢成為素人畫家，成為台灣樸素藝術基督徒的代表。

「你要認識神，就得平安，福氣也必臨到你。」（約伯記書 22:21）

EkioLien
2011.4.21

住在祂裡面

諸天述說上帝榮耀，穹蒼傳揚祂的手段，這個世界是上帝為你所預備的居所，你是照著上帝美好的形象所造的，是蒙愛的兒女，天父手中珍貴的珍寶，不要懷疑自己存在的價值，你是值得被愛的孩子，沒有任何事能將你與上帝的愛隔絕，你將永遠住在祂裡面，祂也要住在你裡面，在大自然中發掘上帝的愛。

春天

不要灰心失望，冬天就快要過去，春天就快來臨，花朵嫩葉都要長出，一切的努力都沒有白費。上帝要將許多天國的見證人帶到你身邊，如同雲彩圍繞著你，放下各樣的重擔、脫去纏累的罪，存心忍耐奔那擺在你前頭的路程，耐心等候，耶穌要為你成就大事。

Ekio
Lien
2019.
3.7

擴張境界

上帝要擴張你的境界，你是多結果子的樹枝，枝條要探出牆外到第三世界，從你的祖父、父親到你，這個祝福要延續到你的子子孫孫。你要做外邦人的光，勇敢出去將上帝的使命與誡命帶著往前跑，上帝要一生牧養你，並且救你脫離一切的患難，賜福與你的家族，你的家要生養眾多、治理這地。

守望者

上帝要尋找海浪中的守望者，在危險的海域中讓人看見光，看見方向，你要成為上帝的燈塔，佇立在高處，照亮迷途的船隻，你的好行為也像光一樣照在人前，使人歸榮耀給上帝，你的光必不黯淡，因為上帝要成為你心中的光，每天有新的力量、新的盼望。

EkioLi
2019.

擘開

給人吃飽，不要小看你的年紀是小是老，當你的生命交給耶穌，人們就可以從你的才能恩賜，得到上帝的祝福與餵養。上帝要使用你的口，你的生命要像五餅二魚一樣被耶穌擘開，有生命的道自你的口中說出，藉著這世代的傳播，安慰鼓勵造就許多的人，上帝的信息要源源不斷地自你的心中發出，你要忠心地分享下去。

台灣（南投茄苳樹洞）——

台灣啊！興起發光，因為上帝的光已經來到。你當愛你的土地，為執政掌權者來禱告，用禱告來震動這塊地土，成為台灣的守望者，為台灣的百姓尋求上帝的憐憫與保護。不要小看一個人的力量，因為你的禱告和忠心，你將會看見台灣的復興，看見台灣的眾家庭被醫治、被興起，台灣要成為孤獨人的家，成為眾海島中一顆明亮的晨星，彰顯上帝的光。

Ekio
Lien
2019

OXFORD COLLEGE 1882
2019.2.16

造福（真理大學牛津學堂）

你將初熟的果子獻給耶和華，是上帝所知道的，這些奉獻將要成為上帝國的一磚一瓦，建造在教育的事工上，你的甘心樂意將會造福許多下一代的年輕學子。耶和華是你四圍的盾牌，是你的榮耀又是使你抬得起頭來的上帝，加倍的祝福要臨到你的家，使你可以生養眾多、治理這地。

祂是建造者（東海大學）

若不是耶和華建造房屋，建造的人就枉然勞力；若不是耶和華看守城池，看守的人就枉然警醒，將你的憂慮卸給神，因為祂顧念你，祂已經成為你生命的房角石，你必不會動搖，因為祂是你堅固的磐石。常常來到祂的面前敬拜唱歌，讓歌聲震動你的心，讓上帝的力量充滿你的靈，因為祂已經為你做成大事，生命中美麗的藍圖，祂是建造者，你只要緊緊跟隨。

Ekio Lien
2019.5.8

歷史的神

神是歷史的神，祂從亙古至今從不改變，在祂沒有轉動的影兒，堅固而屹立在你的心中，在你的家族的歷史中，祂從來沒有缺席，祂的故事要繼續地寫在你的家族中，一代還要傳一代。城造在山上是不能隱藏，上帝的作為也要這樣透過你的家族被人看見。

天都要為你喝采

黑暗將過去，黎明就要來臨，當地是一片空虛渾沌時，不要忘記上帝坐著為王，祂說要有光就有光，祂是創造宇宙的神，你還懼怕什麼呢？上帝何等喜樂地看著你，為著你手中的工作驚嘆不已，祂要從天上給你一個讚，在烏雲的上面有上帝的眷顧，祂要用笑臉幫助你，你的幽默將要成為別人的安慰帶給人喜樂。

Ekio
Lien
2019

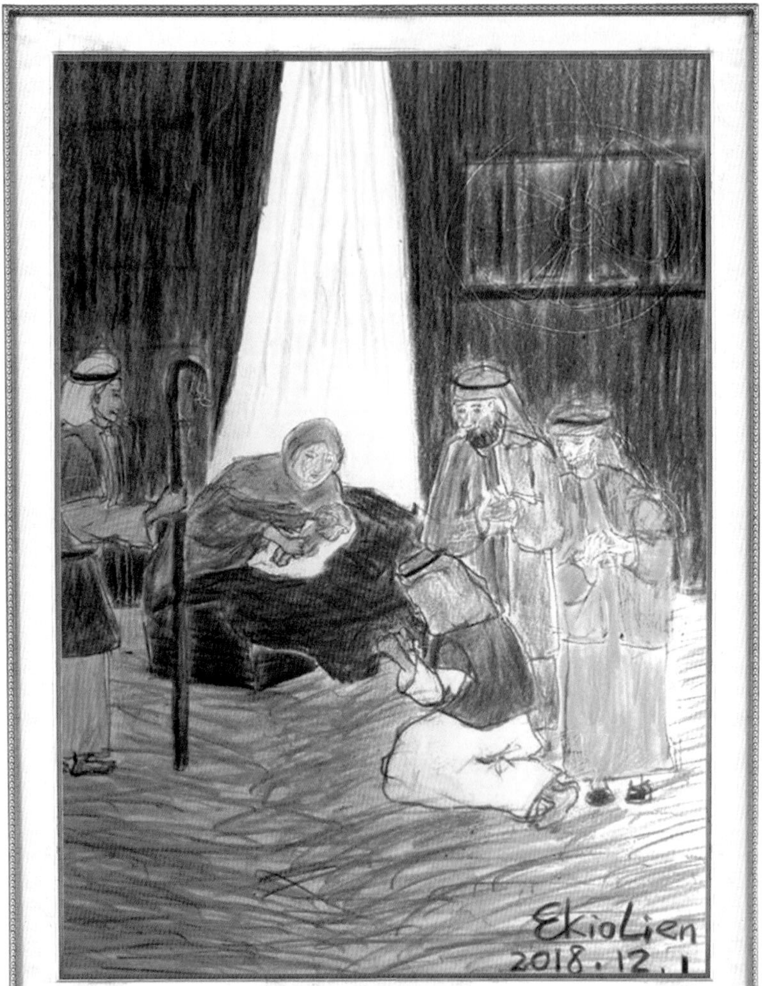
EkioLien
2018.12.1

獻給祂

拿什麼來獻給主呢？你默默地將自己獻上，是神所喜悅神所珍貴的，上帝的旨意必然清楚地指示你，從遠遠的東方找尋上帝，別擔心這永恆計畫的記號會消失不見，祂必定讓你尋見讓你明白，原來祂早就選召你來朝見祂，你會是第一個知道上帝計畫的人，來到耶穌的腳前下拜，看祂為你成就的大事。

長青樹

你是一棵長青的樹，歲月在你的枝幹上刻下許多精彩的故事，這些精采的故事是上帝給你的禮物，你雖然邁向年老，但是上帝還要再次大大使用你，讓人可以從你的故事中得到智慧得到救恩，人們將喜歡親近你，從你的蔭下走過，從你身上發現上帝的美善，來嘗主恩的滋味，你必和人們一同歡樂。

EkioLien
2019 6 8

不致缺乏

來看啊！上帝為你預備可口的櫻桃，祂要以愛為旗覆蓋在你身上，成為你的供應者，你將不致於缺乏，來向祂訴說你的需要，將一切的憂卸給祂，因為祂顧念你，祂未曾留下好處不給祂蒙愛的兒女，信心是堅定相信上帝總有預備，踏實生活，在恩典和真理中敬拜祂、愛慕祂、服事祂。

見證分享4

十分之一奉獻的祝福

有一位卓小弟今年七歲，他從五歲開始，每逢禮拜六媽媽就很用心帶他去學畫畫，自然的讓美術氣息、藝術洗濯能深入家庭、孩子的心中。禮拜六的畫畫課就是他最喜歡、最高興的課外活動，每次都畫到欲罷不能。卓小弟很聰明、很喜歡看書、很有個性、很有主張，老師因而要給予更多的指導，但卓小弟他就是很「獨特」「創新」的小專家。去年母親節在新光三越舉辦的兒童畫展中，竟然獲獎，得到了兩千元的禮券，他高興萬分，馬上說要用這筆錢買禮物送給弟弟妹妹，真是太令人感動了。

「弟兄和睦同居是何等善何等美。」（詩篇 133:1）

媽媽馬上提醒他要十分之一奉獻：「萬軍之耶和華說，你們要將當納的十分之一全然送入倉庫，使我家有糧，以此試試我，是否為你們敞開天上的窗戶，傾福與你們，甚至無處可容。萬軍之耶和華說，我必為你們斥責蝗蟲（吞噬者），不容牠毀壞你們的土產。你們田間的葡萄樹在未熟之先也不掉果子。萬軍之耶和華說，萬國必稱

你們為有福的，因你們的地必成為喜樂之地。」（瑪拉基書 3:10-12）他馬上將兩百元拿出來奉獻。

卓小弟回家之後，阿嬤又給他一千元獎金，結果他又把那筆錢拿去全部奉獻給教會。然後奇妙的事真是連續發生，去年那幅得獎的作品，竟然被送去日本東京國立博物館參展，在日本國內五萬件、來自世界四十個國家合計十萬多件，由年齡三歲到十五歲兒童的作品中，卓小弟脫穎而出，獲得第四十九屆「日本世界兒童畫展」的「特金獎」，這真是奇妙的恩典。消息傳來，大家欣喜若狂，阿嬤要卓小弟和媽媽全部跪下來感謝神，這是上帝給的好機會、好運氣，透過這孩子十分之一的奉獻全部給上帝，上帝為他開天上的窗戶傾福給他，甚至預想不到得了「特金獎」。這是上上獎，上帝使他居上不居下，作首不作尾，將一切的榮耀歸給上帝。

「教養孩童，使他走當行的道，就是到老他也不偏離。」（箴言 22:6）

財寶在天

萬物的結局近了，當積財寶在天上，上帝必為你斥責一切的吞噬者，不容他們毀壞你的土地，你田間的果實在未熟之先也不掉果，萬國必稱你為有福，因為你的地必成為喜樂之地，你的穀倉有多餘的糧可分給貧窮的人，上帝的智慧要開啟你，使你可以在地上的事業創造出永恆的價值。

Lien
2019

保護

你出你入耶和華要保護你，從今時直到永遠，保護你的是耶和華，祂要在你右邊蔭庇你。你不是孤單一個人走這條人生路，每一個腳步上帝都會在你後面指引你，你要邀請人為你禱告，禱告越多，路就越明，你的腳步必不至於滑跌，你要步步為營免得自己掉入試探與誘惑，上帝要賜你智慧分辨局勢與潮流，使你能走在正路。

神所愛的人——

主耶和華的靈要降在你身上，用膏膏你，叫你傳好信息給謙卑的人，差遣你醫好傷心的人，你必修造已久的荒場，建立先前淒涼之處，重修歷代荒涼之城，你必稱為神的僕人，得加倍的產業及永遠的喜樂，你的後裔必在列國中被人認識，你要以神為樂，在密室中面對面和祂談話，祂要向你顯現，沒有攔阻沒有保留，上帝要使你謙卑，將溫柔的心賞賜給你。

Ekio
Lien
2019.

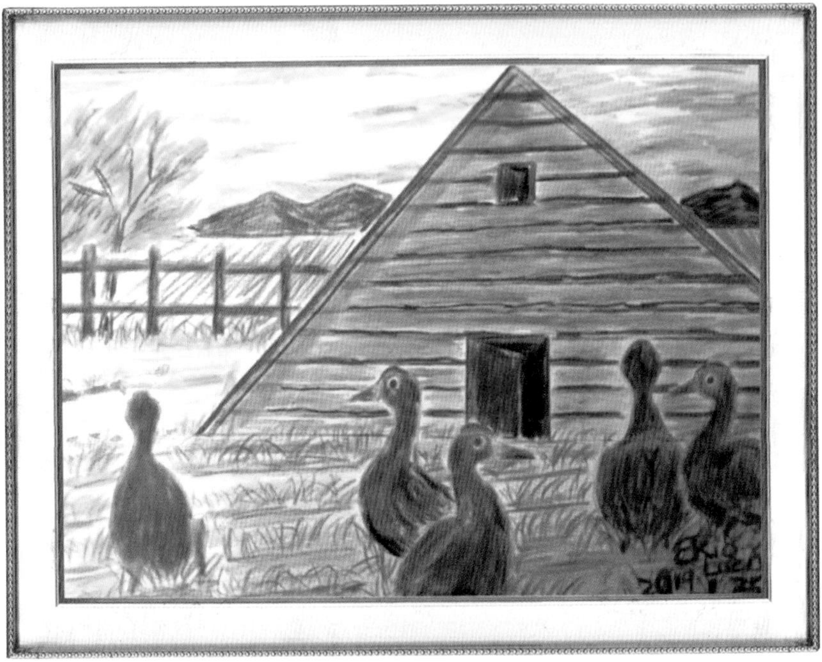

和睦同居——

弟兄和睦同居是何等的善，何等的美，你愛上帝也愛弟兄，上帝紀念你的忍耐寬容，你的弟兄要因你的禱告，得到生命平安永生盼望，你要天天住在愛裡，也就是住在上帝裡面，你要成為愛的使者，以上帝的信實為糧，活出上帝愛的形象，與你親近的人都要感受到幸福。

超越限制

上帝是做新事的神，永遠不要限制祂的作為，脫去舊有的思想，仔細聆聽祂的聲音，祂總是喜愛叫卑微的升高，叫軟弱的剛強，你就是上帝手中的五餅二魚，緊緊地跟隨上帝，讓祂使用你，你就能超越限制，成就奇妙偉大的工作，有一天當你回首一看，將會發現一小籃的擺上，變成十二大籃的祝福，你和眾人要一同歡欣。

Ekio
Lien
2019.
4.4.

Ekio
Lien
2019.1.10.

思念的淚水（嘉明湖）——

山上的湖水好比為萬國萬民禱告的眼淚，你是上帝要興起代禱的勇士，是這個世代的守望者，你要感受上帝的心意，思念天上的事，為許多失喪的人禱告，流淚禱告要成為你的記號，人要就近你聆聽你對上帝的禱告，你要和上帝面對面，順服祂抵擋仇敵，魔鬼就要四散。

得人漁夫

來跟從耶穌，祂要使你得人如得魚一樣，你必歡樂而出、平安蒙引導，你要先求祂的國和祂的義，你所需用的上帝必加給你，把你的專長奉獻給上帝來使用，使這個專長可以祝福更多的人，這個專長要像一張魚網，把人圈入神的家中，把人圈在上帝愛的網裡，耶穌要親自成為你的教練，教導你如何成為一個得勝的漁夫。

EKIO Lie
2019.5.

穩固（澎湖將軍長老教會）

那聽見我這話，就去行的，好比聰明的人將房子蓋在磐石上，風吹雨淋房子總不倒塌。忠心良善的僕人啊！不要灰心，人要因為你的忠心而跟隨主，你的門徒要建立神永恆的國度，上帝必在你前面行，為你砍斷銅門、斬斷鐵栓，使你可以將房子沒有攔阻的建在穩固的磐石上。

流傳的故事

上帝紀念你因信心所做的工夫，因愛心所受的勞苦，因盼望耶穌基督所存的忍耐，你是上帝所愛的兒女，你也是上帝愛的出口與使者，患難不能使你與上帝的愛分開。你從幼年青年壯年到老年，每一個階段都有獨特的故事，而這些故事卻可以交織成一幅美麗的圖畫，互相呼應，彰顯上帝的智慧，好好地享受上帝給你現在的光景，等候祂的出手。

Ekio
Lien

Ekio
Lien
2019

勇氣去愛

如同耶穌愛的晚宴，那些使你傷心的人如此地靠近，但在愛裡就沒有懼怕，耶穌要使你有勇氣去愛那些不可愛的人，為了耶穌你可以以愛還恨，在越黑的夜晚你生命的光要越發亮，祝福要充滿你的口，仇敵在你面前都要四散。你要預備主的宴席，邀請人來一同享受，煮出好吃的餐點讓人的身心靈得到安慰與飽足。

飛翔

你帶著福音的好消息旅行奔波，如同耶穌帶著使命行走加利利，每一次的起飛都是上帝精心的安排，你心裡的柔和謙卑將使這每一次的旅程充滿上帝的同在，上帝要親自成為你的導航，祂的話要成為你腳前的燈、路上的光，當你承載上帝的祝福出去分送給別人的同時，上帝也要將世世代代的祝福傾倒在你的家中，甚至無處可容。

Ekio Lien
2018.11.1.

朝陽

清晨早起夜晚安歇，耶和華所親愛的必叫他安然入睡，每個早晨你必看見我的信實的朝陽，你必歡歡樂樂而出，平平安安蒙引導，不論你往哪裡去，你總要帶著這一份喜樂的心滿足的靈，在無可指望的地方帶給人歡樂，就像朝陽的溫暖，岸邊紅花的喜悅，人要在你的身上感受上帝來的溫暖。

在耶穌裡，我們都是一家人

上帝的國沒有分種族年齡貴賤，在耶穌基督裡都是兄弟姊妹，你愛上帝也愛弟兄，你曾經接受人的幫助，如今要成為幫助別人的大富戶，上帝要祝福你有得貨財的能力，和不同種族的人一起工作，這件事你要十分努力也要在此警醒感恩，你若殷勤尋求上帝，內心保持清潔正直，雖起初微小，終久必甚發達。

見證分享 5

暗暝的圓桌

有一天下午接近晚餐時間，有一位牧師打電話給我：「連媽媽，現在我從機場要帶一對夫婦到你家的圓桌。」他是高官，我嚇了一跳，想說發生了什麼事，就等著他們的到來。後來我快速煮了一桌好菜招待他們，「**人的禮物為他開路，引他到高位的人面前。**」（箴言 18:16）原來他們要來取經，想把在圓桌禱告的恩膏帶回去，好讓他們全家大小，也都能擁有每天十到十五分鐘「家庭時間」和「家庭祭壇」的圓桌會議。

在我們家，我們凡事到圓桌禱告。「**你求告我，我就應允你，並將你所不知道又大又難的事指示你。**」（耶利米書 33:3）耶穌又說：「我實在告訴你們，你們若有**信心，像一粒芥菜種，就是對這座山說，『你從這邊挪到那邊』，它也必挪去；並且**你們沒有一件不能做的事了。」（馬太福音 17:20）「你們若奉我的名求什麼，我必成就。」（約翰福音 14:14）

加恩到非洲去的時候，也是碰到很多困難，比如我們在台灣發起的愛心行動，大家總動員，把衣服捐到榮星再寄過去西非，不料寄送物擠爆了郵局，導致郵局要暫時關閉。西非政府要加恩拿出台幣三十五萬的倉儲費及稅金，這些愛心行動，他是唯一的窗口，需要藉著「跪下來禱告」，勇敢面對，求上帝為他開路，讓奇妙的事發生。而當他在上帝面前示弱，上帝就伸出全能的手來解決問題。那時一位官員的爸爸生病，到醫團給加恩看病，但從下午三點檢查到八點，發現這位爸爸沒有病，只是因為想看兒子，但兒子都太忙沒法和他講話，於是開始不吃飯絕食抗議。加恩跟他談後，他才講了出心裡的話，曉得這是家庭問題，不是真的生病。為他打了一些營養針，拿了些藥品，加恩跟這位官員說：「你爸沒有病，是你這段時間忽略了他，要關心他，多和他說說話。」這位官員感激萬分地說：「Doctor 連，非常謝謝你，要是有什麼事情，你儘管吩咐。」加恩就說：「有事情，我們的教會寄了很多衣服，沒想到政府還要向我們要三十五萬的稅金。」

在這之前，加恩跪下去禱告的時候出現兩個字：「省長」，他去那裡找省長？非常感謝神的恩典，藉著跪下去禱告，和我們在台灣暗暝圓桌上的迫切禱告，上帝的調度果然發生，這位官員正是省長！他立刻幫加恩解決問題，寫了一封信，稅金就變三千五百元，讓這些衣服能夠運用在第二次垃圾換舊衣的活動中。神真是垂聽禱告的神。

每天晚上十點、十點半就是我們的「圓桌家庭時間」，述說感恩的事、傷心沮喪難過的事，成為家人孩子的避風港，述說心事的地方。在「暗暝的圓桌」，彼此代禱、安慰、扶持，繼續不斷往前，征服人生的各種問題。我們必須靠著神的話語和禱告，讓基督偉大的能力，伴隨你我一生的道路，你我的人生只要「神與我們同在」，我們就持有一顆剛強壯膽的心。

「這律法書不可離開你的口，總要晝夜思想，好使你謹守遵行這書上所寫的一切話。如此，你的道路就可以亨通，凡事順利。」（約書亞記 1:8）「暗暝圓桌」的神奇力量，請大家一起來實施，必有神蹟奇事一簍筐連連發生在你家，你的職場、學校、公司。**「我又告訴你們，若是你們中間有兩個人在地上同心合意的求什麼，我在天上的父必為他們成全。」**（馬太福音 18:19）行動吧！

Ekio
Lien
2019.
3.21.

等候

等候上帝，等祂為你做新事，不要為自己伸冤，等候上帝為你發聲，等祂將你的仇敵做成你的腳凳，將你的眼目定睛在永恆的事上，看見上帝創造的大山、美麗的天空，當你明白自己的渺小和上帝奇妙的愛時，你就更能接納別人，成為一個愛的使者，當人懷有怒氣來到你面前時，你就能幫助他們將怒氣化為祝福與禱告。

淨光之路（澎湖摩西嶼）

來效法耶穌，活出祂的信實盼望與愛，雖然環境艱難，但是因為你的信心，上帝要在淨光之處開道路，在無指望之處指引方向，祂要做新事，有一條路從你眼前開展出來，使你可以述說上帝的美德，祂要將創意的想法連同祂的話一起賞賜給你，使你得著智慧與生命，這條路要像黎明的光，越照越明直到日午。

Ekio
Lien
2019.2.5

Ekio Lien
2019.3.5

連結（耶穌為門徒洗腳）

你的生命要連結於耶穌，與祂一同有份，祂要為你洗去過去的陰霾，將你的罪孽洗淨，祂要保守你不失腳，一生走在祂旨意中。你要在至聖的真道上造就自己，在聖靈裡禱告，保守自己常在上帝的愛中，你雖然有尊貴的身分，但是上帝的愛卻使你可以成為一個僕人，為人洗腳，醫治安慰受傷的人。

飽足

當趁耶和華可尋求的時候尋找祂，相近的時候求告祂，得著生命的糧，成為祝福的出口。你要用創意新鮮的方法，餵飽人靈魂的飢餓，上帝要擴張你帳幕之地，張大你居所的幔子，你要向左向右開展，你的後裔必得多國為業，又使荒涼的城邑有人居住。

Ekio
Lien
2019.

Ekio Liem
2018 10.23

安歇

耶穌走進你的心也要走進你的家，在看似遙遠的田中間，祂要親自在這個家中等你回來，你的家要充滿溫暖的氣息、喜樂的笑聲和讚美的歌聲，神要重建你的家成為萬人的祝福，人人也要羨慕你的幸福與美滿，你的家要成為浪子的避風港、神愛的出口。

同心

你們兩人總比一人好，要彼此欣賞彼此幫補，一起為上帝築夢。

祂要照著祂豐盛的榮耀，藉著祂的靈，叫你們心裡的力量剛強起來，你們夫妻倆必一同明白基督的愛是何等的長闊高深，在工作服事上同心合一，照著上帝在你們心中運行的大力，充充足足地成就一切超過你們所求所想的。

Ekio
Lien
2019.

醫治者的心

受傷的人要到你面前，你要成為上帝醫治的出口，上帝要把更多的愛心、耐心、憐憫、才能賞賜給你，人們不僅身體要得著醫治，心靈也要恢復健康，上帝醫治的大能要透過你祝福許多的人。你要保守你心勝過保守一切，因為一生的果效皆由心發出，尊榮之前必有謙卑，義人的路好像黎明的光，要越照越明直到日午，直到上帝再來。

開路

困難如海水分開，救恩與盼望要臨到你，祂要為你開一條又新又活的路，這是上帝的作為，是祂愛你的記號，當你行走在這條新的路上，別忘了將榮耀歸給造天地的上帝。祂聽一個至卑微的禱告，你祈求就給你，尋找就尋見，叩門就給你開門，上帝能照著運行在你心裡的大力，充充足足的成就一切，超過你所求所想的。

Ekio
Lier
2018.12.2

Ekio Lien

喜悅

耶和華是你的產業，你所得的祂為你持守，流淚撒種的必歡呼收割，上帝要使用你將失喪的人帶回祂的家，採收的季節一到，上帝必親自打發祂的工人與你一起分享這收成的喜悅，祂要賜給你屬靈的同伴、工作的夥伴，你並不孤單，奔走不困倦，行走也不疲乏，上帝必使你重新得力。

跨越藩離

探出牆外，跨越種族的藩籬，上帝要擴張你的境界，放長你的繩子，十字架的愛使人與你親近、與你結合，不要用單一人種的思維模式，跳脫文化的界限，耶和華要呼召你幫助受壓的人，你將挺身而出為神的百姓說話，使人合一成為兄弟，不同人種的人也可以彼此同心完成使命，而你就是那個中間的橋梁。

Ekie
Lien
2019

Ekio
Lien
2019.
12.

佳美之處

上帝量給你的地界坐落在佳美之處，你的產業實在美好，你的夢想是上帝給你的挑戰，在不可能的地方建造一個夢想的家，一切的好處不在上帝以外，你將會跟隨祂的腳步勇敢追夢，上帝必親自保護你，如同保護眼中的瞳仁，要將你隱藏在祂的翅膀蔭下，在美麗的自然中發現祂真實的保護。

奇妙恩典

你必歡歡喜喜而出來，平平安安蒙引導，大山小山必在你面前發聲歌唱，田野的樹木也都拍掌，旅程中上帝要親自引導你，祂要在大自然中對你說話，你要和樹木花草一起讚美上帝的安排與帶領，上帝也要為你預備一群一起奔走天路的旅伴，你的歌聲要震動天地也要感動人們的心，在每個夜裡述說上帝恩典的奇妙。

Ekio
Lien
2019
4.23

憐憫

你看見這世代孩子的呼求嗎？你聽見這世代小孩的渴望嗎？孩子們的眼神就是上帝對你的呼召，你要使孤獨的有家，上帝的家要成為失喪孩子的避難所，上帝要成為他們的力量與幫助，在患難中孩子們要經歷上帝真實的保護與同在。有誰可以去告訴他們有上帝真好呢？是你，你要成為他們屬靈的爸媽，在無可指望之處種下希望，讓上帝的醫治臨到他們，使他們的眼重新發出亮光。

耶穌同在——

風浪中有耶穌與你同船，不要看浪濤、不要聽風暴，努力將自己的眼目定睛在耶穌身上，因為上帝賜給你的不是膽怯的心，乃是剛強仁愛謹守的心。你要和耶穌同受苦難，成為基督的精兵，在苦難中得勝有餘，浪有多高，上帝的帶領你的高度也有多高，在浪花中有祂同在的祝福。

Ekio
Lien
2019.

見證分享 6

去做就有神蹟發生！

「我靠著那加給我力量的，凡事都能做。」（腓立比書 4:13）

從去年九月領受異象，連爸就開始行動，差不多用了三百天的時間，目前畫作已經達到一四四幅了。幾乎每兩天就完成一幅畫的多產畫家，全數義賣奉獻給西非建國中和榮星建堂，去做就有神蹟發生。**「因為我們立志行事，都是神在我們心裡運行，為要成就祂的美意。」（腓立比書 2:13）**

有位患者的好朋友是企業家，得知連爸義賣的計畫，兩個小時內就匯入了一百萬元，真是超過我們所求所想的。還有一位病人她的牙齒都壞了，其他的牙醫師都說沒有辦法幫她作牙，她萬分苦惱，有人就告訴她，去找連加恩的爸爸，連爸一看馬上就在一個禮拜內為她作牙，解決她缺牙的問題，讓她欣喜若狂，並告訴她的好朋友連爸作畫義賣的事情。她的好朋友感動萬分，馬上訂了十幅畫，十萬元善款匯入了榮星「西非布吉納法索霖恩育幼院」的專款帳戶中。不只這樣，神蹟連續發生，她的姊姊從日本回台，也趕上這「行善愛心送到地球另一端」的義舉，訂了五幅畫。**「凡恆心行善、尋求榮耀、尊貴和不能朽壞之福的，就以永生報應他們。」（羅馬書 2:7）**

還有一位年輕人，她期待有更多人參與，但因無力購畫，就去告訴她的親人，結果也訂了兩幅「跪在十字架前」。她開心地打電話給我，因成為「行善的推銷員」而心中充滿了喜悅。還有位長老告訴她荷蘭的朋友，也馬上支持訂了兩幅。另有位退休老師，熱情有加，去告訴愛行善的老師，結果也成為我們義賣的行銷專家，訂了好幾幅。六月份我去石牌國語禮拜堂講道，報告「連爸一百幅畫義賣」，結果一下講台，就有一位女企業家馬上訂了二十幅，另一位也訂五幅。**「施比受更為有福。」（使徒行傳 20:35）**這位女企業家說這二十幅畫，她要再分送給她的福音朋友。真是神蹟連連，去做就有神蹟，「Just do it」。

「你心若向飢餓的人發憐憫，使困苦的人得滿足，你的光就必在黑暗中發現；你的幽暗必變如正午。耶和華也必時常引導你，在乾旱之地使你心滿意足、骨頭強壯。你必像澆灌的園子，又像水流不絕的泉源。」（以賽亞書 58:10-11）

連加恩講過一句話：「好命的孩子要比別人付出更多，那好命才有意思。」在一百多年前，很多宣教士，如馬偕博士、蘭大衛醫師、馬雅各醫師……曾經飄洋過海為台灣獻上青春生命，成為耶穌傳愛的管道。今天台灣豐衣足食，醫療、健保、交通都是一級棒，我們這些台灣好命的孩子，是否也更需要付出？雖然布國在二〇一八年五月時和我國斷交，但是上帝的愛是永不止息的，我們要有第四空間的眼光。這次連爸的義賣會請大家共襄盛舉，同時藉由本書，讓我們共同把愛送到地球的另一端。

「好施捨的，必得豐裕；滋潤人的，必得滋潤。」（箴言 11:24）

「懇切求善的，就求得恩惠。」（箴言 11:27）

Ekio
Lier

築橋

你要進去得這個上帝為你預備的城，你要成為一個有智慧有見識的領袖，你要以公義判斷是非，不要懼怕人也不可看人的外貌，上帝要拆毀那與人隔絕的牆，為你鋪上一條又大又直的橋，使你自由地與人建立友誼。你要成為一個築橋的人，將上帝的愛帶進人的心中，使親近你的人得蒙上帝的祝福。

同行

耶穌是你最好的朋友，祂豈不是察看你道路、數點你腳步的好朋友嗎？你要學習聆聽祂的聲音，明白祂的思想，花時間來親近祂，使你有得救的智慧、有謀略的能力，人們必驚訝你的智慧與膽識，請記得將祂的榮耀歸給祂，在尊榮之前謙卑自己的心與上帝同行。

Ekio
Lion
2019.
4.2.

EkioLie
2019.7

外邦人的光

你要成為外邦人的光，為上帝贏得這個世代的靈魂，你要得著聖靈的能力，在耶路撒冷、猶太全地和撒瑪利亞直到地極，做上帝的見證。不分年齡不分種族，人們要聽你述說上帝的奇事，你不再稱為是最微小的，你要起來服事上帝的百姓，成為一個僕人領袖。

來跟隨

耶穌是你最好的朋友，常常來到祂面前聆聽祂的話，使你有智慧聰明美好的靈性，來跟隨祂，聽見祂對你的呼召，祂要使你得人如得魚，在人群中祂要使你分別為聖，職場工作要成為一種享受，耶穌要將祂的話天天放在你心中，祂的話要成為你路上的燈。

EkioLien

Ekio
Li'en
2019.

井水湧出

你的生命要像一口充足水源的井水，人們要因為你的慷慨而得到滋潤，因為你的仁慈而得到醫治，上帝賜給你的不是膽怯的心，乃是剛強仁愛謹守的心，更深地挖掘真理，泉水就能四溢而出，那源頭就是耶穌，祂是你的喜樂你的詩歌，又是使你抬起頭的主，甜水苦水不能同出一口井，頌讚將滿了你的口，你的心也因此幸福起來。

跪下

人生有多少次我們甘願放下自尊、放下驕傲，跪下來為敵人洗腳，溫柔謙卑是最偉大的力量，上帝要將這種力量放在你的裡面，你要以耶穌基督的心為心，虛己取奴僕的樣式，成為敵人的祝福。上帝要將出人意外的平安賞賜給你，並且保守你的心懷意念，當你可以誠實跪下為敵人洗腳時，那就是上帝要高升你的時刻了。

Ekio
Lien
2019.
6.19.

禱告的生命

靠著耶穌，常常以頌讚為祭來獻給神，在祂的同在中，你的思想眼界要被打開，有屬靈的智慧與分辨的恩賜，成為上帝恩賜的好管家，忠心又良善的僕人。跪下向上帝禱告將要成為你的標誌，禱告要成為你的工作與呼召，將有一群人跟著你一起禱告，成為城門上的守望者，守住這個城市、守住整個國家。

彼此成全

做安靜人，你們要站在同一個陣線，彼此相愛彼此同心，行善不可喪志也不要灰心，要一起開展新的事工，一加一大於二，你們要在愛中彼此成全，一同承受生命之恩，完成上帝託付的任務，上帝要擴張你的帳幕之地，張大你居所的幔子，不要限制，上帝要放長你的繩子，堅固你的橛子，你要向左向右開展，後裔必得多國為業。

Ekio Lien 2019.4.30

真理——

主耶和華要賜你受教者的舌頭，使你知道怎樣用言語扶助疲乏的人，每天早晨上帝要親自提醒你，開你的眼睛，使你看出祂律法中的奇妙。你要用上帝的話語牧養上帝的群羊，感動自己的亮光也要感動群羊，生命的光要從讀上帝的話開始，人們要羨慕你的悟性，學習你如何讀聖經，聖經要成為你生命的話題。

冒險——

你坐下你起來上帝都曉得，你何時起飛降落上帝都知道，你不必為自己的將來憂慮，因為上帝要將航道清楚地告訴你。你不會是一台漫無目的飛行的飛機，你的旅程會是一場精采的冒險，上帝的使命在遠方等著你，你要信心地踏出腳步，訓練自己聽見就遵行去做。你要花更多時間聆聽上帝的聲音，因為一生的果效皆由心發出，確定心的方向就能找到人生的終點。

Ekio Lien
2019. 4. 5.

Ekio Lie
2019.4.

豐收

你們夫妻彼此相愛同心合意收割莊稼，上帝要將這些莊稼存進府庫，並且要賜給你們更多幫手來耕作上帝國的田。上帝要聽你們所許的願，將產業賜給敬畏上帝名的人，不要灰心失望，上帝要為你們施展大能，踐踏仇敵，有得勝的樂歌為你們而唱，你們必一起歡樂，一起享受收割的喜悅，你們必一起唱歌跳舞，讚美上帝的創意與幽默。

回家——

回家吧！上帝要擦去你的一切眼淚，祂要親自與你同在，回家的路並不是一條崎嶇的路，它開滿花朵充滿花香，上帝一直在等你，在祂的家中，少了你一個就少了一份快樂。回頭吧！神的家有了你，才能完整的呈現上帝的計畫，祂的信實與慈愛早就接納你的不完全，你是祂手中貴重的器皿，是祂用重價買贖回來的，別在城外觀望，世上再也沒有任何事能將你與神的愛隔絕。沒有！再也沒有。

2018.9.26.

Ekio
Lien
2019
5.
8.

高舉耶穌

當耶穌的名字被高舉時，你的憂愁與困難都將化為烏有，你必蒙受祝福比先前更多千倍，當你高舉耶穌，不害怕不驚惶時，那些躲避你的人就要來靠近你，終究他們都要成為最愛耶穌的人，上帝要透過你賜給他們眼淚喜樂與醫治，你只管高舉耶穌基督的名，勇敢地將真理活出來，那就是你的呼召。

見證分享7

願景的召喚

《聖經》有一位愛作夢的人叫約瑟，他作了夢，告訴他的哥哥們說：「我們在田裡捆禾稼，我的捆起來站著，你們的捆來圍著我的捆下拜。」後來又作了一個夢，再告訴他的哥哥們，他夢見太陽、月亮與十一個星向他下拜。哥哥們因此很討厭他，約瑟的父親也責備他說：「你作的這是什麼夢，難道我和你的母親、弟兄，大家要俯伏在地，向你下拜嗎？」兄弟們甚至想要害他，彼此商量說：「那個愛作夢的人，我們不如把他殺了丟在坑裡，讓惡獸把他吃了，看看他的夢將來會怎麼樣。」後來雖然沒殺他，但把他賣給了以實瑪利人。約瑟被帶到埃及，成為侍衛長波提乏的僕人，環境雖艱苦，但約瑟堅信耶和華與他同在，因而百事順利，最後終能步上高位，治理埃及，神給他的夢全都應驗，一切所有都蒙耶和華賜福。

人生有夢最美，有作夢的勇氣，我們的人生必定不一樣，我們家在禱告圓桌，就是勇於作夢。阿嬤想要發明東西，到了九十歲果然發明了用美耐板作畫，成為台灣的素人畫家！連爸說他要成為布道家，結果他的布道錄影被美國電台看中播映。上恩說他想成為校長，藉以影響學生，引領他們都能認識這位賜人智慧的主、改變生命的主。加恩想讓這世代的青年找到生命的方向和目標。天恩則希望能遇見兩百位宣教士。奇妙的事連續發生，上帝帶天恩上了國際福音船，而船上有來自五十三個國家、三百五十位的宣教士。上恩在他們教會當了很多年的主日學校長，常和先生俊昌帶領教會孩子去福音隊偏鄉服務、到印度偏遠地區醫療宣教，也常載他們教會的小孩們去參加靈糧堂亞太特會。**「你定意要作何事，必然給你成就，亮光也必照耀你的路。」（約伯記 22:28）**

有一天，台大商學院院長翁景民教授突然因病安息主懷，榮歸天家，我去參加他的告別式，心中非常不捨。他是位很愛神又愛傳福音的好人義人，參加他的告別式後，我把老師告別式的資料全部寄給在非洲布吉納法索的加恩，他得知翁教授蒙主恩召，非常不捨，馬上跪在資料上禱告說：「主啊，翁教授未完成的『給我十萬靈魂』的心願，就由我就來完成。」他一禱告宣告要承接使命，奇妙的事就連續發生。一年八個月的外交替代役，他竟然做了三件大事：①辦垃圾換舊衣的活動。②幫當地人挖井。③蓋孤兒院。回國結婚後，又再把新娘麗婷帶過去，共同為建立孤兒院打拚。孤兒院完工後，加恩役畢回國，由國家量身定做，再派他前往布國當家醫科醫師一年，讓我們看到上帝奇妙的安排和帶領。後來公共電視王小棣導演帶一團人前往西非拍攝《45℃天空下》，加恩和麗婷再度回布國，陪伴公共電視演戲拍片，張羅一切。上帝是編劇者，祂對祂所造的人有永遠的計畫，有美妙的安排。一個敬畏上帝的人，他必定是讓上帝來導演他所服務的公司，或是所建立的家庭、所服事的教會。保羅說：「我們成了一台戲，給世人和天使觀看。」

勇於夢想，築夢踏實。加恩讀完大學又考上研究所，放棄研究所重考醫學院，讀了十一年的醫學。夢想只要能持久、必定能成為事實。二〇一〇年加恩在衛生署疾病管制局擔任防疫醫師，某天電話響起，是位戴姓的醫學生打的，因他在加恩的《愛呆西非連加恩》書中看到：「好命的孩子應該比別人付出更多，那好命才有意思。」「我到了一個地方，離開時，我沒有改變，我就是白混一場。」讓這位叫裕霖的醫學生深有感悟，想要效法前往布吉納法索。

那通電話不久之後，加恩被政府派到南非擔任醫療外交官，從西非到南非，再也沒什麼機會詳聽裕霖赴西非的故事。

加恩趁著出差的機會，再次回到布吉納法索參訪霖恩小學，這個十五年來透過榮星教會，由台灣百姓每個月愛心捐獻十六萬台幣，照顧一〇八位孩子的愛的出口。

「神在祂的聖所作孤兒的父，作寡婦的伸冤者。神叫孤獨的有家，使被囚的出來享福；惟有悖逆的住在乾燥之地。」（詩篇 68:5-6）

在創立十多年後，老舊的房子要維修，也需增添一間教室和老師宿舍、添購汽車，同時還要再蓋國中部。加恩心中有很多感慨。在當年住過的房間裡跪下來禱告：「主啊！可否差一個人來接續幫忙。」

沒想到不到一個月內，收到裕霖的消息：「學長，我畢業了，已經被錄取外交替代役，應該會選擇布吉納法索。」加恩接到這信息就感謝上帝，這是祂垂聽禱告，證明裕霖是那個被上帝派來要幫忙的人。

「神是應當稱頌的，祂並沒有推卻我的禱告，也沒有叫祂的慈愛離開我。」（詩篇 66:20）「跪下來禱告」，因為主是你我人生「正面能量的來源」，是為我們開道路，在沙漠開江河的神。

今年成立的「愛無國界關懷協會」，裕霖醫師再次領軍榮星團隊前往布國，關心地球的另一端。

親愛的主耶穌，求祢祝福這次買畫的親朋好友，及這次新書《一百萬個祝福：

連爸爸畫中有話》的讀者。以前我們的手心都向上支取、領受祝福，今天讓我們手心向下給出去，慷慨的給，因為**「施比受更為有福。」**（使徒行傳 20:35）**「施行仁慈的，令人愛慕。」（箴言 19:22）「憐憫貧窮的，就是借給耶和華；他的善行，耶和華必償還。」（箴言 19:17）**

「願神祝福你們凡事興盛，身體健壯，正如靈魂興盛一樣。使你們遇到好機會，罈內的麵不減少，瓶裡的油不缺短。」家庭中夫婦彼此相愛，主耶穌成為一生最美的祝福。孩子居上不居下，作首不作尾。愛神、愛人。神如何祝福了我的家庭，也倍加的祝福你的家庭，除掉我們人生中所有的黑暗面，包括怨恨、埋怨、憂愁、掛慮、擔憂、嫉妒、批評、苦毒、論斷，不饒恕，因為祢十字架上的饒恕和愛已經勝過這些黑暗的權勢，奉主耶穌的名禱告，阿們！

關心募建霖恩中學計畫的朋友，歡迎洽詢「愛無國界關懷協會」，
讓我們一起把愛傳遞出去。

國家圖書館出版品預行編目資料

一百萬個祝福：連爸爸畫中有話 / 連益雄繪, 連上恩著. -- 初版. --
臺北市：圓神, 2019.09
256 面；14.8×20.8公分 --（圓神文叢；259）

ISBN 978-986-133-698-5（平裝）
1.宗教藝術 2.基督教 3.作品集
244.6 108011976

Eurasian Publishing Group
圓神出版事業機構
用心與你對話．視野無限寬廣
圓神出版社
Eurasian Press

www.booklife.com.tw reader@mail.eurasian.com.tw

圓神文叢 259

一百萬個祝福：連爸爸畫中有話

繪 者／連益雄
作 者／連上恩
見證分享撰文／胡美華
發 行 人／簡志忠
出 版 者／圓神出版社有限公司
地 址／台北市南京東路四段50號6樓之1
電 話／（02）2579-6600．2579-8800．2570-3939
傳 真／（02）2579-0338．2577-3220．2570-3636
總 編 輯／陳秋月
主 編／吳靜怡
專案企畫／沈蕙婷
責任編輯／林振宏．Iris
校 對／連上恩．胡美華
美術編輯／潘大智
行銷企畫／詹怡慧．林雅雯
印務統籌／劉鳳剛．高榮祥
監 印／高榮祥
排 版／莊寶鈴
經 銷 商／叩應股份有限公司
郵撥帳號／ 18707239
法律顧問／圓神出版事業機構法律顧問 蕭雄淋律師
印 刷／國碩印前科技股份有限公司
2019年9月 初版

定價 320 元 ISBN 978-986-133-698-5